Alfred T. Baker

Die versifizierte Übersetzung der französischen Bibel in Handschrift Egerton 2710 des British Museum

Eine Untersuchung des Inhalts und der Sprache

Alfred T. Baker

Die versifizierte Übersetzung der französischen Bibel in Handschrift Egerton 2710 des British Museum
Eine Untersuchung des Inhalts und der Sprache

ISBN/EAN: 9783337248765

Hergestellt in Europa, USA, Kanada, Australien, Japan

Cover: Foto ©Thomas Meinert / pixelio.de

Weitere Bücher finden Sie auf **www.hansebooks.com**

DIE VERSIFIZIERTE ÜBERSETZUNG
DER FRANZÖSISCHEN BIBEL

IN

HANDSCHRIFT EGERTON 2710

DES

BRITISH MUSEUM.

EINE UNTERSUCHUNG DES INHALTS UND DER SPRACHE.

INAUGURAL-DISSERTATION

ZUR

ERLANGUNG DER DOCTORWÜRDE

BEI

DER PHILOSOPHISCHEN FACULTÄT

DER RUPRECHT-KARLS-UNIVERSITÄT ZU HEIDELBERG,

VERFASST UND EINGEREICHT

VON

ALFRED T. BAKER, B.A.

AUS LEWES, ENGLAND.

(SOMETIME EXHIBITIONER OF GONVILLE AND CAIUS COLLEGE, CAMBRIDGE.)

CAMBRIDGE:
UNIVERSITÄTS-DRUCKEREI.

1897

ALLGEMEINER TEIL.

Die Geschichte der französischen Bibel des Mittelalters ist in zwei im Jahre 1884 in Paris erschienen Werken behandelt worden ; das eine—Berger " *La Bible française au moyen âge* "— behandelt das ganze Gebiet und das von Bonnard—" *Les Traductions de la bible en vers français au moyen âge* "—hauptsächlich die poetischen Versionen. Die anonyme Version des alten Testaments ist in folgenden Handschriften vorhanden.

A. Hs. der Pariser Nationalbibliothek, No. 898 (anc. 7268^2) *du fonds français.* Sie enthält eine dichterische Version von Genesis, Exodus, Josua, Richtern, Ruth und von den vier Büchern der Könige bis zur Regierung von Hiskias (II bez. IV Könige Kap. xviii).

Der Anfang nach der lateinischen Überschrift

'In principio creavit Deus celum et terram'

lautet

'Le rey de glorie e Dieu omnipotent
'Ke maint sanz fin e sans comensement...'

Das Ende lautet :

'De cest roi nus estot laisser
'E de çous de Israel avant parler.'

Sie ist eine Handschrift auf Velin des XIV Jds. in Quarto mediocri (beschrieben auch von Paulin Paris in den "*Mss de la bibliothèque du Roi,*" Paris 1848, S. 183).

B. Hs. der Nationalbibliothek in Paris No. 902 *du fonds français* (anc. 7268^{3,3}).
Von gleichem Inhalt wie A.

Der Anfang lautet :

'Al rei de glorie, a Deu omnipotent
'Ki maint senz fin e senz comensement...'

Das Ende lautet :

> ' De cest roi nus estot entrelever
> ' Et de cels de Israel avant parler...' ff. 1—96

Sie ist eine Handschrift des XIV Jds. im kleineren Quartformat (nach Paris 2te Hälfte des XIII Jds.; auch beschrieben von P. Paris a. a. O. S. 199).

C. Handschrift No. 36 D. iii. ii. des Corpus Christi College, Oxford.

Von gleichem Inhalt wie A und B.

Der Prolog fängt in folgender Weise an : ·

> ' Al rey de glorie a Deu omnipotent
> ' Qui maint sanz fin e sanz comencement
> ' Le mund governe tot par lur (sic) jugement
> ' Que est a suns en chascun liu present...' f. 48ᵃ

Das Ende lautet:

> ' Puis conquist il sur Philisteus
> ' Dunt il fu riche e trestuz ses Ebreus
> ' De cest rei nous (!) estut entrelaisser
> ' E de ceus de Israel avant parler. f. 158ᶜ

Es ist eine Hs. auf Velin des XIII (Ende) Jds. mit zwei Spalten auf jedem Folio, 40 Zeilen pro Spalte. Initialen abwechselnd blau und rot (gegen Ende auch schwarz). Sie ist in Besitz des College seit 1618 und enthält ausser unserer Version ff. 1—46a Französische und lateinische Homilien ff. 46b—47a Ein Bruchstück über die fünfzehn Zeichen des jüngsten Tages.

(Sie ist auch besprochen in Coxe's "*Catalogue of the Oxford Colleges*.")

(Für diese Mitteilung und später für die Erlaubnis, dieselbe mit E zu vergleichen, bin ich dem Rev. C. Plummer, M.A., Bibliothekar des College, zu grossem Dank verpflichtet.)

E. No. 2710 der Bibliothek Egerton, British Museum, s. den speciellen Teil.

T. Fragment in der Bibliothek zu Trier besteht aus 8 Folios, kleines Quartoformat mit zwei Spalten zu je 32 Versen. Es ist abgedruckt von Bonnardot in *Romania* XVI (1887), S. 177 und ff.

Der Anfang lautet:

> ' Bien les veinterez, si n'i duriez colee
> ' De vostre part de lance ne d'espee.'

Das Bruchstück schliesst mit folgenden Versen:

> ' E le chemin par unt il les mena
> ' Tant vunt suiant e par munz e par valz.' (Vers 1014)

Es entspricht E ff. 26 b—102 d. Vgl. Suchier in Z. VIII 437 ff.

P. Fragment in der Bibliothek von Sir Thomas Phillips zu Cheltenham, 4156 ff. 98—110.
Der Anfang lautet:

'Pluie en cel tens la terre ne susprent
'Mes une funtaine de parais descent
'Qui tute la tere aruse communement'

und die Erzählung geht bis zum Ende der Genesis und schliesst mit folgenden Worten:

'Ore sumes, seignurs, venu desque a la fin
'Del livre ke l'em apele genesim.'

Vgl. P. Meyer Rom. XVI 213.
Es entspricht A f. 2—19. B 2—9 a. E 2 c—11 a.
Diese Hss. (abgesehen von P) zerfallen in zwei Familien. A, B und C haben eine Lücke von 118 Versen, während E und T diese Verse enthalten. E und T sind wahrscheinlich älter als A, B und C; sie scheinen auf einer älteren Vorlage zu beruhen. Auf Folio E 97 b zeigt T eine Lücke von 12 Versen, welche in A und B nicht existiert. Am Fusse des Folios 97 b E sind zwei Verse, die in T fehlen. Auf Folio 97 c hat E eine Lücke von 10 Versen—es handelt von der Erzählung von den Prophetenkindern, die zweimal zu Elisa kommen, um ihm mitzuteilen, dass Gott seinen Herrn wegnehmen würde II (IV) Kön. Kp. ii. Dies hat der Verfasser von E als eine einzelne Erzählung betrachtet und hat sie nur einmal gedichtet. Für die Unterschiede zwischen A und B, s. den Artikel von Bonnardot a. a. O.
Die Hss. scheinen denn alle unabhängig. Ihr Verhältnis wäre:

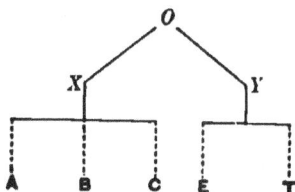

Keine von den Handschriften A, B, C und E ist vollständig. A, B und C hören mit Versen auf, welche die Absicht des Verfassers anzugeben scheinen, seine Geschichte weiter zu führen, und die Übersetzung in Prosa MS 9562 (s. Berger, S. 54) führt die Geschichte in der That viel weiter (s. Bonnard 102 ff.).

DIE QUELLEN.

Bonnard a. a. O. S. 103 sagt von dieser Version "*En somme, le principal mérite de cet ouvrage est l'exactitude de la traduction.*" Ich erwähne unten die verschiedenen Stellen, wo der Verfasser vom Text der Vulgata abweicht. Dieser Text der Vulgata und die Anmerkungen, meistens von Hieronymus (Verf. erwähnt ihn selbst auf Folio 2 a), ins Lateinische übersetzt, ist die Grundlage der vorliegenden Version. In der Übersetzung der vier Bücher der Könige gilt das von Berger in Hinsicht auf diese Stelle Gesagte.

ZEIT UND ORT DER ABFASSUNG.

Diese dichterische Version des alten Testaments stammt sicherlich aus England—die Sprachformen und insbesondere der Reim lassen uns keinen Zweifel übrig. Unsere Kenntnisse der anglo-normannischen Mundart gestatten uns nicht genau zu bestimmen, in welcher Ortschaft ein solches Werk gedichtet worden ist. Wahrscheinlich aber war es auf einer von jenen grossen Abteien, welche die Anregung zu litterarischen Arbeiten durch Priester vom Festland erhalten hatten. Der Verfasser ist ohne Zweifel vom geistlichen Stand, selbst die Wahl eines solchen Themas ist Beweis genug, ohne dass man die zahlreichen Anspielungen auf ein geistliches Leben und Wirken berücksichtigt. Wir können die Arbeit nicht als vollendet ansehen, weil die längeren Hss. (A, B und C) mit einem Ausdruck aufhören, der öfters gebraucht wird, wenn der Verfasser von den Königen von Israel zu denen von Juda übergeht. Am Ende seines Werkes hätte er vielleicht irgend eine persönliche Anzeige gegeben, aber in den Hss. wie sie jetzt vorhanden sind, finden wir leider nichts derartiges.

Die Sprachformen weisen uns auf eine Zeit nach der ersten Hälfte des zwölften Jahrhunderts. Der Gebrauch von Wörtern, wie '*besanz*' (f. 78 in E), Beschreibungen, die auf orientalische Märchen und Erzählungen basiert sind, und die oft vorkommende Benennung der Heiden als '*sarrazin*,' zeigen sehr deutlich den Einfluss der Kreuzzüge. Solche Wörter dürften erst nach dem dritten Kreuzzug, dem von 1189—92, in Gebrauch gekommen sein.

In den ersten zwei Jahrzehnten des XIII Jds., d. h. unter der Regierung des Königs John, wäre das Erscheinen eines solchen Werkes in England beinahe unmöglich gewesen. Nach dem ersten Viertel des XIII Jds. wäre, meiner Ansicht nach, die Sprache schon weiter entwickelt als die vorliegenden Formen es sind.

Ich würde also das letzte Jahrzehnt des XII Jds. als Abfassungsperiode annehmen.

9

SPECIELLER TEIL.

Hs. Egerton 2710.

Paul Meyer war der erste, welcher diese Handschrift beschrieb (*Bulletin de la Société des anciens textes français* 1889 No. 2, S. 72). Erst am 14ᵗᵉⁿ Januar 1889 erwarb sie die Verwaltung des British Museums. Die Hs. gehörte früher einem Privatier in London, der von ihrer früheren Geschichte nichts wusste. Sie besteht aus 151 Blättern mit je zwei Spalten zu je 40 Zeilen (ein paar Mal 42 und einmal 41) in kleinerem Quartoformat—265 × 180 mm. Die Schrift, sagt Meyer, ist aus dem XIII Jd., eher aus der zweiten Hälfte als aus der ersten. Initialen abwechselnd rot und blau; die, welche ein Buch eröffnen, sind besonders verziert. Rubriken fehlen. Die Einbanddecke ist ziemlich neu. Auf der Rückseite des ersten Blattes ist ein Bild, welches ein ganz englisches Gepräge hat, auch auf Folio 35 *verso* am Rand steht ein Bild des Königs Saul, in roter Tinte, auf einem Thron sitzend, gekrönt, in der rechten Hand ein Zepter, die linke Hand über der Brust gefaltet, mit der Überschrift 'Saul I⁹ (primus) rex Hebreor(um).'

"Zweifelsohne ist die Handschrift in England geschrieben worden," sagt Meyer, "wo sie wahrscheinlich stets geblieben ist, da sie im XVI Jd. sicherlich auf englischem Boden war, was bestimmt worden ist aus einer Zeile auf Folio 83 *verso*, wo geschrieben steht, dass diese Hs. den Nonnen zu Derby im XVI Jd. gestiftet worden sei. Sie zeigt die von den englischen Copisten des XIII Jds. beliebten grünen Buchstaben nicht und die schönen blauen Bordüren zeigen einen sehr starken französischen Einfluss." Auf Folio 2 *recto* fängt der Prolog in folgender Weise an:

> Al rei de glorie, Deu omnipotent,
> Qui meint sanz fin e sanz comencement.
> Le mund governez, tut par sun jugement
> E est a sons en chescun liu present,
> A chescun socorable qui a Lui se prent.   5
> Honur puissant, sanz definement.
> El nun del Pere, del Fiz, del seint Espirit;
> E des treis persones qui sunt en Deu parfit.
> Commencerons de geste, novel escrit,
> D'estoire estrete, n'est pas de fable dit,   10
> De an en an est en seint eglise lit.
> Iço dit Ieroimes, ki les merveilles vit;
> "N'est pas leaus qui cest tent en despit."

1. A fügt e hinzu.   3. A governet s. t. Dentalen.   6. A und C haben puissance.   7. A und C tilgen e und C seint.   10. A hat est trait.

10

Nach dieser Einleitung, die dem Inhalt nach sich mit der der
beiden Pariser Hss. und mit der der Oxforder Corpus Christi Hs.
völlig deckt, beginnt die Erzählung in der regelmässigen Art einer
Chanson de Geste:

> Oez, seignurs, chançun de verité,
> De veil estoire estret sanz fauseté;   15
> Des patriarches devant que Deu fu né,
> Des sainz prophetes qui furent d'antiquité.
> De lur linage, de lur grant parenté,
> En lur persones, Jhesus fu figuré.
> En seint eglise qui puis nus fu mustré.   20
> De la Deu vertu tant sunt enluminé
> Qu'il ne saveient boidie ne mauvesté.
> Ne fere ne voudereit, ne fust aucun malfé,
> Ki la lei freinsist apres qu'ele fu doné.
> Qui ben la gardouent voudrent a sauveté   25
> Qui la gerpirent, grefment en sunt jugé.

Die nächsten sechs Zeilen sind eine genaue Übersetzung des
Vorworts zur Hs. 9562 der Pariser Nationalbibliothek, welche mit
folgenden Worten anfängt " Trestouz nos ancestres estoient paens,
si ne garderont lei, car il ne savoient rienz de Dieu " (s. Bonnard
93 und 103 ff. Berger 54 und ff.). E lautet:

> Nos ancessors trestoz paens esteient...
> Lei ne garderent kar de Deu ne saveient...

An diese Verse knüpft sich die Erzählung der Schöpfung an:

> Al començail quant Deu creat le mund,   30
> E cel e tere e l'abime perfund,
> Lumere, tenebres, lequel uncore sunt;
> Ileuques les fundat u il tut tens serrunt.
> Al premier jur, si cum Moyses respunt
> As fiz Jacob sur Synai le munt.   35

Die Schöpfungsfolge ist ziemlich genau; der Verfasser erlaubt
sich aber 'les serpenz' mit den Fischen mitzurechnen. Am
sechsten Tage, ist der Elephant besonders erwähnt als ein Tier
mit einem Höcker!

> Al sest jur ne volt Deu lesser a tant,
> Bestes furmat, plusurs de bel semblant,
> Plusurs a hoges cum sunt li olifant.

Die Schöpfung des Menschen ist etwas mehr ausgedehnt und
zwar in der Form einer Unterhaltung zwischen den drei Persönlich-
keiten der Dreieinigkeit.

> Quant Deus out totes viventes choses créé
> Solum nature, ad chescun lei posé   40

19. C hat fust.   23. A voudereient und A und C fügen *se* hinzu.
38. olfend in A. S. = Kameel.

Uncore li plut, parfere sa volunté,
' E ja frum nus home, ço dit la deité'
' E je peccheroit il, ço dit la majesté'
' E nus le reindruns, ço dit la trinité'...
Home forma, femme de sun coté.   45
Apres que Deus out home formé,
El setime jur, qui Sabat est nomé,
Reposa Deus, mes nent cum travaillé,
Kar unc travail en lui n'aveit esté.
Trestot format, quant il volt de gré,   50
E quant qu'il volt tost l'aveit commandé.

Jetzt versucht der Verfasser den Unterschied zwischen dem
jüdischen Sabbath und dem christlichen klar zu legen.

Le seme jur, apelat Samadi
Que crestiens unt dimeine choisi
El quel Jhesus nus fit si grant merci
Qu'il nus destruit trestot nostre enemi. A 2 r°, E 2 v° 55

Das Fragment P (s. oben S. 7) schliesst sich hieran, es stimmte
wahrscheinlich mit A überein, aber sein erstes Blatt ist, da eine
Miniatur daraufstand, gerissen worden. Obschon der Verfasser
die Schöpfung Evas aus einer Rippe schon erwähnt hat, wieder-
holt er es, der Bibelerzählung gemäss. Die Versuchung und
Sünde Evas folgt sehr genau dem Text. Der Dialog zwischen
Gott Vater und Adam ist sehr knapp und volkstümlich dargestellt.
Gott ruft Adam...

"Adam u es?" "muscé me sui." "purquei?"
"Muscé me sui, car guerpi ai ta lei."
"Qui te forçat?" "la femme que tu me donas
"Ele en mangat e jo en mangai, chaut pas."
"E tu muiller, purquei feis-tu cel mal?"   60
"Pur le serpent qui m'ad torné el val."

Gegen das weibliche Geschlecht ist der Verfasser überhaupt
sehr erbittert und an dieser Stelle schreibt er:

' Engin de femme nus ad trestoz trahi.'

Bei dem Mord Abels durch Kain lässt der Verfasser seiner
Einbildungskraft freien Lauf, indem er Kain als Waffe einen
Eselskinnbacken giebt:

Lung tens apres occist Cayn Abel,
De la joue d'un asne espandi sun cervel.

Verse 42—44 fehlen in A und C: auf Vers 41 folgt unmittelbar 45 in A und
C, während in E noch 4 Verse folgen. Diese 7 sind eingeschoben, und sind sogar
auf den Rand von Folio 26 geschrieben.   55. nus fehlt in E = A.
56. C hat muz sui.   57. A pur ce que. C muz sui.   E nun sui.   63 und 64
auch in A und C.

In genauem Anschluss an die Bibelerzählung kommt das
Geschlechtsregister der Söhne Kains bis zum Tubalkain und dann
das Geschlechtsregister der Patriarchen von Adam an bis auf
Noah, ohne irgend einen Namen ausfallen zu lassen; und doch
fügt der Verfasser sehr naïv hinzu:

> Ne voil, seignurs, ne il n'en est pas sens   65
> Nomer trestoz, qui furent en cel tens,
> Mes s'il vus plest, icels vodrai nomer
> Ki en estoire a nos averad mestier.

Darauf folgt die Verkündigung der Sündflut und die Beschreibung des Kastens und, sich eng an die Bibelerzählung an-
schliessend, die Ergebnisse der Sündflut, des Segens Gottes und der
Nachkommen der Söhne Noahs. Sehr knapp ist die Geschichte
des Turmbaus zu Babel und die Verwirrung der Sprachen; diesen
Ort nennt der Verfasser anachronistisch " Babiloine."

> Dunc parla Deu a Abram 'sanz dotance,   A 5 r°
> 'Issez de Aran e de ta conissance,   70
> 'Va en la tere que jo vos mosterai.
> 'Tei e tes fiz ileuc multeplierai.
> 'Jo te benesterai ileuc tei e tes fiz
> 'Tanz genz frai d'ils e de vus venir.'   f. E 4 a

Die sonderbare Mischung des Duzens und des Siezens ist ein
Merkmal dieser Übersetzung (vgl. Bonnard a. a. O. 100). Die
weitere Geschichte Abrahams und Lots ist sehr kurz und klar
dargestellt; allein der Copist ist nicht aus dem Wirrwarr der
Namen der zehn Könige klug geworden, bei deren Zusammenstoss
Lot in Gefahr geriet. Abraham, seinerseits, liess seine Mannschaft
waffnen und zog in ganz epischer Weise gegen seine Feinde aus,
rettete Lot und seine "compaignuns" und wurde von Melchisedek

> prestre e reis de Salem   75
> De la cité, qui ore est Jerusalem

freundlich gegrüsst und gesegnet. Abraham zeigt die historische
Freigebigkeit eines mittelalterlichen Barons. Die Erzählung
rückt langsam vorwärts der Bibelgeschichte nach; die Verheissung Isaaks und die Ankündigung durch die drei Männer folgen.
Abrahams Fürbitte und die Vertilgung Sodoms sind sehr knapp
und kurz dargestellt. Die Aufopferung Isaaks wird leider ohne
jene Einzelnheiten der Unterredung erzählt, die in einer solchen
populären Übersetzung sicher hätten Platz finden sollen. Es
scheint unserm Verfasser gleichgültig gewesen zu sein, ob er
diese volkstümlichen Stellen benutzte oder nicht; immer wieder
versäumt er eine gute Gelegenheit, seiner Arbeit ein populäreres
Gepräge zu geben, als ob er sie nur mechanisch fortsetzte. Mit

---

65. E hat tens A sens.   70. A covenaunce.   71. A und C haben
te aber beide Issez in 70.   73. A tilgt te, = E.

Recht hat Bonnard (a. a. O. 93) bemerkt, der Verfasser scheine bald aus dem Atem zu kommen.

Besonders überrascht uns, dass es nach der Rettung Isaaks durch den Engel keine Erwähnung der Verheissung von Christo giebt und die Verhandlungen zwischen Abraham und Ephron um die Grabstätte Sarahs fallen auch aus. Die Vermählung Abrahams mit Ketura folgt unmittelbar auf das Begräbnis Sarahs, während sie in der heiligen Schrift erst nach der Vermählung Isaaks erwähnt wird. Die Kinder dieser Ketura sind nach unserem Verfasser "li Affrican." Unmittelbar nach der Geburt der Zwillinge stürzt sich der Verfasser in die Geschichte von Jakobs Betrug, ohne ein einziges Wort über den Segen von Isaak und seine Erfahrungen mit Abimelech zu äussern, welch letztere er sich als eine Wiederholung von Gen. K. 20 hat wohl vorstellen können. Auch von dem Verkauf der Erstgeburt ist keine Rede.

Der Betrug deckt sich ziemlich genau mit dem Bibelbericht; im Segen aber der der Jakob im Traume ausgesprochen wurde finden grosse Verschiedenheiten statt und zwar:

En memes l'ure li dit li creatura,
Dous femmes prendrez e celes serrunt sorurs,
Filles tun uncle Laban, le fiz Baruel,
Le fiz Nachor, le frere Abram le viel. 80
Od tei serrai tant cum durra ta vie
Crestre te frai en mult grant compaignie,
Pur Abraham e pur Ysaac tun pere A 10 r°
Ne te lerrai, mes guerpirai tun frere. f. 6 c E

In diesen Versen sehen wir wieder jene oben S. 12 besprochene sonderbare Mischung von tu und vus. Jakobs vierzehnjähriger Dienst nimmt mehr als den ihm entsprechenden Platz ein: überall ist bei diesem Verfasser zu bemerken, dass er gerne die Verschiedenheiten der Sitten an den Tag legt. Er erwähnt aber ohne Auslegung den Diebstahl der Götzen Labans und zwar in folgenden einfachen Versen (vgl. Bonnard S. 97):

Rachel emblat les ozins deus sun pere; 85
Cel les ateint, mes seinz oc vint arere.

Ohne den Bund zwischen Laban und Jakob zu erwähnen, spricht der Verfasser von Jakobs Furcht vor Esau und vom Kampf mit dem Engel. Nach der Versöhnung mit Esau, soll Jakob zurückgekehrt sein und seinen Vater Isaak am Leben gefunden haben:

Jacob trova Rebecca morte sa mere,
Mes il trova Ysaac vif sun pere.

Diese in der Bibel nicht erwähnte Thatsache fügt der Dichter wahrscheinlich hinzu, dem Gebet Jakobs gemäss, das er auf seiner

83. E statt e hat ne. 84. E = lessai. C serrai ad tei, A serrai avec tei.
86. E hat od, oo = C. A s. Bonnard 97.

Reise zu seinem Onkel Laban sprach. Erst lange nachher hören wir in der heiligen Schrift vom Tod und Begräbnis Isaaks. Die Verhältnisse der Kinder Jakobs sind erwähnt in folgenden Worten:

Jacob ama ses fiz communement,   A 11 v°, E 7 b
Mes il ama Joseph plus tendrement.   90

Josephs beide Träume sind genau wiedergegeben, ebenso die Rollen von Ruben und von Juda; der bunte Rock wird erst erwähnt, wenn Joseph verkauft wird. Joseph soll auch Arabern (Arabiz) verkauft worden sein, nicht Ismaeliten. Der Kummer des alten Jakob wird sehr sympathisch beschrieben.

.... La cote sanglante enveient a lur pere;   E 7 b, A 12 v°
Quant il la veit, il la conut asez
Grant dol en fet, sovent chet pasmez.
Jacob maldist la beste sauvage,
Ki de sun fiz li ad fet tel damage.   95
' Bel fiz Joseph ja fustes (vus) ma vie,
' Quant tu es morz, d'autre ne quer aie.
' Bel fiz Joseph (tant) mar vus engendrai,
' La grant bealte de vos e la colur
' Serrunt desore, ma peine e ma dolur;   100
' Vostre regard e vostre duz semblant
' Me funt aveir de vivre maltalant.'
Venent les fiz pur lur pere esjoïr,
Ço est pur nent kar il nes volt oïr.
Il a guerpi sa leesce e sun cunfort;   105
Nel recoverat, ço quit, devant la mort.
Lessum Jacob, remaindre en sun dehait
E de Joseph dium ce qu'en fud fait.

Hierauf folgt die Geschichte Josephs im Haus Potiphars bis zu seinem Gefängnis. Diese Thatsache giebt dem Verfasser Anlass zu einem ihm sehr beliebten Thema—nämlich, dem Hass gegen das weibliche Geschlecht. Hier erlaubt er sich nur drei Verse, aber später (S. 30) und zwar in Betreff Davids widmet er dieser Aufgabe vierzig Verse.

' Pur Deu, seignurs, uncore vus voil prier,
' Gardez vos cors de mal e d'encombrer.   110
' Ne creez femme, kar ço est sun mester,
' Mentir, trahir e gent enpoisoner.'

Die beiden Träume und deren Erfüllung sind mit grosser Genauigkeit dargelegt. Die Auslegung der Träume Pharaos bringt Joseph zu fürstlicher Hoheit und in der That geht der Verfasser weiter und schreibt Joseph den Anfang eines Feudalsystems zu; die Aegypter verbürgten sich, den fünften Teil ihres Vermögens dem König zu geben.

96. vus nach A und C.   tant nach A.   101. e nach A und C.
102. E me funt de vivre aveir...   104. ne les = A.   106. quid = C.

Par tote Egypte, est ore la costume,   E 9 e, A 15 v°
La quinte part, li done chescun home.
Issi mist il la tere, tot en servage   115
E sun seignur le rei en grant parage.

Die Reise der Söhne Jakobs nach Aegypten ist der Bibelerzählung gemäss vollständig beschrieben; allein Ruben ist als
Redner besonders gezeichnet, während er nur mit seinen Brüdern
gesprochen haben soll. Die andern Rollen sind den Brüdern
richtig zugeteilt. Vom Festessen, wo Benjamin besonders geehrt
wurde, ist nichts gesagt, ausser der Thatsache, dass dieses stattfand.
Die Erzählung ist nur skizzenhaft bis zur Niederlassung im Lande
Gosen (Hs. Gessen). Der Verfasser kann sich in echt epischer
Weise nicht abhalten der späteren Geschichte zuvorzukommen,
indem er sagt:

Ore sunt a joie, e a leesce enz el pais   A 18 v°
Mes einz qu'il issent, il serrunt plus chaitis.

In Hs. E, ebenso wie in den beiden Pariser Hss., ist die Weissagung Jakobs nicht besprochen (vgl. Bonnard 97).

Il mande Joseph e puis trestoz ses fiz,   A 18 v°
Puis lur a dit en plorant sanz defrei,   120
Les aventures chescun de els par sei;
De lur lignes, ço que est avenu,
Des que cest jur, il l'unt tres ben conu.   E 11 a

Der Verfasser schliesst das erste Buch mit den Zeilen:

Oï avez, seigneurs cum Israel,
Vint en Egypte e quant out tropel.   125
Cum il unt grant joie de lur aveir.
E cum il unt a leesce lur estoveir
Ore nus doint Deus, a ki le mund apent
Que nus puissuns jeter les sauvement,
Que einz qu'il issent serrunt desturbez   130
Mes je me dout, si cum vus bien orrez.
Ore sumes venu, seignurs, tresqu'a la fin
Del livre que l'um apele Genesim;
Brefment l'ai dit, partut sanz mentir
Del son me doint qui mes voldrat oïr.   135

Das zweite Buch Mose fängt mit folgenden Zeilen an:

Lung tens apres que li frere sunt mort,
Dunc vint un rei, qui fist as eirs grant tort.
Pur ço qu'il sunt riche d'or e d'argent,
De grant aveir, de riches dras de pris;   A 19 r°, E 11 r°
De ço qu'il sunt granz genz en lur pais.   140

116. le rei nach A und C. fehlt in E.   117. en le in A.   119. demandat
in A.   121. de els nach C.   125. A quant o son tropel. C. ad tut sun
tropel.   135. doint nach C.

Die Dienstbarkeit der Israeliten wird erwähnt ohne dass spezificiert wird, worin dieselbe besteht, zunächst sind sie hoch besteuert und geknechtet und dann

> Il lur funt fere murs e granz fossez,
> Volent u nun, envirun lur citez.
> Trestote l'overaigne as baruns del pais,
> Trestut le funt volenters u enviz.

Dann fügt der Verfasser hinzu, als ob er seinen Zuhörern eine umfassende Übersicht über die ganze Geschichte vorlegen wollte,

> Ço est la fin, que jo vos ai tot dit,   145
> Unques gent ne furent si descunfit.

Den unmenschlichen Befehl, die männlichen Kinder zu töten, schreibt der Verfasser der Weissagung eines Gelehrten zu, der nach dreimaligem Ausfall der Loose gesagt haben soll, dass aus dem· Volke Israel ein Knabe hervorkommen und das Land Aegypten vernichten solle.

> Un sage clerc, qui fu en la tere né
> Par treis feiz, aveit ses sors jeté
> Si out veu, que des Ebreus nastereit
> Un male enfant, par qui trestut serreit.   150
> La tere destruite d'Egypte ovec la gent,
> E li Ebreu s'en irrunt franchement.
> E ço fu veirs, il avint ensement,
> Pur ço fist il si gref commandement.

Und dann mit der moralisierenden Tendenz der Zeit knüpft der Verfasser an:

> Li reis voleit defere la volenté   155
> Al creatur, mes il est enginné.
> Kar en cel tens qu'il sunt en servage
> Nasqui li enfes par qui vint grant damage.

Bei der Erwähnung der Geburt Mose werden seine Eltern genannt, obschon sie in der Bibel erst im Geschlechtsregister (Ex. 6. 20) als Amram und Jochebed vorkommen. In E heissen sie Amaramis und Jolabel, was später zu Jocabel corrigiert ist; in A Amaramis und Jorabel, in C Amaramis und Jocabel; in 9562 Amaramis und Jocabele (vgl. Bonnard S. 98). Der Name der Tochter des Königs wird auch gegeben und zwar Tremuth (C hat Tremuth, A Theremuth, Petrus Comestor, Ed. Migne Bd. 198 p. 1143 Teremith), die Schwester Moses heisst Marie, ein Name, der dem Verfasser wohl bekannter vorkam und ihm gebräuchlicher schien als Mirjam. Eines Tages führte die Königstochter den jungen Moses zu ihrem Vater, der an ihm grossen Gefallen fand.

---

143. as baruns nach C.   149. nach C.   150. A hat madle s. unten S 58.
156. fehlt in A.

Der Verfasser erzählt auch die Legende, wie der Knabe Moses die
Krone auf den Boden warf[1].

> Li reis la (die Krone) baille a Moisen par cherté E 13 a
> Que fet Moyses? estrange colp d'enfant : A 21 r° 160
> La corone prent il de meintenant,
> Si la ruat par grant ferté a tere,
> Cum s'il la volt tolir a lui par guere;
> Desuz ses pez la defola vilement
> Veant le rei, devant tote sa gent. 165

Der König schaut erstaunt zu, der Zauberer aber steht auf und
will das Kind sofort erwürgen lassen als denjenigen, welcher
bestimmt sei Aegypten ins Verderben zu stürzen.

> Forment manacent de totes parz l'enfant;
> Pur nent le funt, kar Deu lui est garant.
> Ore fust Moyses occis devant le rei,
> Quant Tresmut vint, si l'ad saché a sei,
> A force l'enporte, en sa real meisun. 170
> Delivré est Moyses, volent il u nun.

Dem Moses soll auch der Hauptbefehl der Königlichen gegen
die Äthiopier gegeben worden sein. Moses zieht gegen diese
Feinde ganz ritterlich aus und in völlig epischer Weise fährt der
Verfasser fort:

> Moses enmeine les chevalers al rei,
> Des melz d'Egypte, les plus hardiz o sei,
> Vers Ethiope meine il la gent armé,
> Tresqu'il i vint, sa resne ne fu tiré. 175
> Mult out Moysen, travail en la veiage,
> De fiers serpens e de bestes sauvages,
> De grant chalur qu'il ot sor les muntaignes,
> Des mals trespas qu'il trova es plaignes.

Die Eroberung Äthiopiens ist vollständig da:

> En poi de tens, les ad si aprocez, A 22 r° 180
> Ne remist ture ne chastel el pais,
> Que par Moysen ne seit de tot cunquis.
> Mult guiat s'ost e totes ses genz
> Asez lur donc de l'or e blanc argent
> Trestute la tere, ad il mis en servage. 185
> Al rei d'Egypte par sun grant vasselage.

Es hilft aber alles nichts.

> Ço est pur nent, li reis ne li sout gre,
> Sun hardement e sa grant corteisie.
> Trestut li turnent li autre a grant envie.

---

[1] In Petrus Comestor lesen wir: *Admirans rex pueri venustatem coronam quam
tunc forte gestabat, capiti illius imposuit. Puer autem coronam projecit in terram
et fregit. Sacerdos autem Heliopoleos a latere regis surgens exclamavit : Hic est
puer, quem nobis occidendum Deus monstravit.* S. 1143.
178. sor nach C.   184. de l'or nach C.   186. grant nach C.
189. li autre ergänzt nach C.

Nach der Ermordung des Aegypters und der Flucht Moses
aus Aegypten kommt er zu 'Madian dunt Gehon fu pruveire.' Der
Verfasser hat die Wallfahrer öfters erwähnt und hier auch sagt er:

Cele cité, fu sur la ruge mer,　　　　　　　190
De juste le munt Sina, co dient li paumer.

Moses wird in regelrechter Weise aus dem feurigen Busch
berufen, die Kinder Israels aus Aegypten zu führen, der Verfasser
vergisst aber nicht diese einfache Erzählung der Bibel recht aus-
führlich zu behandeln. Als Moses und Aaron nach Aegypten
kommen, fürchtet Moses, dass seine Feinde sich an ihn erinnern,
es wird ihm aber von Aaron versichert, dass alle gestorben seien,
die ihm übel gewünscht hätten. Moses und Aaron erscheinen vor
Pharao, wovon der Verfasser in geziemenden Worten spricht.

Fierement parlerent cum gent de grant resun,
Leissez les fors issir de tun servage,
U il unt fet trop lungement estage.
Leissez les fors issir de bon corage,　　　　195
Deu le vus mande u vus aurez damage,
En cel desert lur estovera aler
Tant cum il poent treis jurs errer,
Pur fere ileuc lur seignur sacrefise.
En en haucer sun num c sun servise.　　　　200
Deu le vus mande, jo vus di de sa part
Vus les lerrez aler u tost in tart.

Die zehn Plagen erwähnt der Verfasser in der folgenden Weise:

i.　Trestote l'eve d'Egypte il met en sanc,　　　A 25 r°
　　Quant qu'il trove en rive u en estanc.
ii.　Trestote la tere de crapodals est covert.　　205
iii.　Trestote la tere emple il communement　　A 26 v°
　　De puiz volage, que manjuent la gent.
iv.　Maintes maneres de musches fet venir
　　Qui vunt la tere de totes parz envaïr.
v.　Trestote l'almaille murut en cele tere...　　210
vi.　Moyses i fert e puldre se destent,
　　Par tote Egypte l'esparpilla le vent.
　　La poudre chet u puint cum ortie,
　　La u ele touche sempres i ad vescie.
　　La u ele tuche il fet u boce u plaie.　　215
　　En tote la tere, n'est home qui ne s'esmaie...
vii.　Foldre il enveie, grisil e grant tonere...
viii.　Dunc fit venir Deus yseals sanz numbre...
ix.　Dunc comanda Deus qui tut le regné
　　De totes parz seit covert d'oscurté.　　220

197.　lur nach A und C.　vus in E.　　200.　eshaucer in E.
212.　nach C; E hat des esparpeillement.　217.　il ergänzt=C.

Nach der neunten Plage findet in regelrechter Weise die
Stiftung des Passah statt und darauf folgt die zehnte Plage, die
Erwürgung der Erstgeburt:

> x. Del rei d'Egypte e de tote sa gent,
> L'einz né enfant de chescune meisun;
> Del plus povre hom desqu al rei Pharaun,
> Morut la nuit a peine e a dolur.

In der Aufzählung der Plagen, werden die Kinder Israel zum
ersten Mal Jeus (Judeu) genannt, eine Form, welche als 'Jew'
im Englischen fortlebt.

Der Untergang der Aegypter im Roten Meer und der Lobgesang Moses und Mirjams sind nur erwähnt, ebenso das bittere
Wasser, allein Mose wirft nicht einen Baum ins Wasser (Ex. xv. 23),
sondern

> Il prist sa verge, en l'eve la tucha,   225
> E l'eve qui einz esteit si amere
> De grant douçur esteit dunques plenere.

Die weitere Reise der Israeliten giebt keinen Anlass zu Bemer-
kungen bis zu den Zehn Geboten Gottes. Mit den Zehn Geboten,
wie sie in E lauten, vergleiche man Bonnard S. 94.

> Deu lur comande, qu'il creient fermement,
> Qu'il est sul Deu, sanz autre ajustement
> L'autre est tel qu'il comande chescun,   230
> Que autre ymage n'aourent si li nun.
> Le terz, que nul Deu ne parjure;
> Le quart, le Sabat feirer a grant eure;
> Le quint, ses parenz sur toz honorer;
> Le sist, nul home occire ne a tort juger;   235
> Le setme, que nuls ne fait avorterin;
> L'uitime que nuls ne face larecin;
> Le nofime defent faus tesmoigne porter;
> Le disme defent d'autre coveiter.   E 16 b &c.

Die Ordnungen Moses sind nicht erwähnt, und der Verfasser
scheint sich zu beeilen, die Geschichte der Abgötterei mit dem
goldenen Kalbe zu erzählen; er wird auch ganz begeistert über die
Stiftshütte und über die Lade. Er bringt sein zweites Buch in
epischer Weise zu Ende und sagt:

> Ici finist, seignurs, le secund livre,   240
> Sanz bon luer ne voil avant dire.   C 63 v° b, E 17 a

Das dritte Buch Moses nebst dessen Verordnungen wird von
unserm Verfasser nicht erwähnt, er bespricht sogleich die Zahl
der Kinder Israel; obschon wir in der heiligen Schrift die Anzahl,
sechs hundert drei tausend fünf hundert und fünfzig lesen, so
versifiziert unser Verfasser:

228. desquel E.

2—2

Sis cenz e treis millers il (Mose) i trovat,   A 31 r°
De chevalers e qui cheval n'en ad.
Sis cenz cinquante millers il acuntat
De bone gent, qui en bataille vat ;   245
Estre les prestres de la lignee Levi
E les diacnes, qui ben sunt trente mil.
Cil ne funt pas bataille od les Ebreus
Pur ço qu'il servent el tabernacle Deus.

Von den verschiedenen Ordnungen und Gesetzen die Opfer betreffend ist überhaupt in dieser Version nicht die Rede. Unserm Verfasser beliebt es nur die Thatsachen zu wählen, die ihm für seine Zuhörer passend scheinen. Deshalb erwähnt er nur die Geschichte von den Wachteln, die Strafe des lüsternen Volks und die Sünde Aarons und Mirjams, die gegen Mose murrten. Mit vielen Details bespricht er die nach Canaan geschickte Kundschaft, die Wanderung in der Wüste, die Geschichte der Empörung Korahs, die Bestätigung von Aarons Priestertum durch den grünenden Stab; er vergisst auch nicht jedes Wunder, jeden Kampf zu erzählen. Unser Verfasser heisst die Israeliten öfters in der Art einer Chanson de Geste 'li fel glutun' und freut sich darüber, dass Gott sich an ihnen rächet—an diesen Juden

Qui nostre lei ne gardent ne la lur.   250

Die Geschichte Baalams (Bileams) giebt Anlass zu einer langen Erzählung; die Botschaften Balaks, die Antworten Bileams, seine Reise zu Balak und seine Eselin, welche 'parole encuntre sa nature,' werden am genausten besprochen. Die Weissagung Bileams lautet:

Seignurs, dist il, Deu vus ad benesqui,
Il vos mande par mei e jol vus di :
Entrez en la tere, kar vus la conquerrez,
Sur totes genz, vus serrez redotez.
Entrez en la tere, kar Deu vus l'ad doné ;   255
E a vos eirs ele est abandoné.
Nul hom ne pot encontre vus tenir,
Ne rei ne prince ne vus purra nusir.
Vus conquerrez as colps de vos espees,
Les genz que sunt as munz e es valees   260
Lur grant aver, lur or e lur argent,
Trestut serra a vostre comandement.
Tantes lignees frad Deus de vus venir
A peine la tere les purra sostenir,
E de Jacob l'esteile nestera   265
E de Israel la verge surderat.
Laquele ferrat les princes as Moabiz ;
Les fiz Seth serrunt de mort suspris.

244. e getilgt nach A und C.   248. oveo in A.   249. en le.
257. A hat ne la.   260. A hat e en.   263. Deus nach C. A hat fet.
267. E hat frat. princes nach E. A hat Recabiz !

Darauf folgt exegetisch :

Ces moz, dist il, en ceste prophecie
De Jhesus Crist e de sainte Marie.　　　A 38 v° 270

Nach dieser Weissagung ist von der weiteren Geschichte wenig
gesagt, von den Gesetzen im fünften Buche ist keine Rede; der
Verfasser will nur das Anregende und das Interessante auswählen
und nach Erwähnung der Ankunft im Gelobten Land und der Er-
nennung Josuas nimmt er den Faden seiner Geschichte mit dem
Lobgesang Moses wieder auf.
Der letzte Segen Moses darf wohl citiert werden :

Quant il lur ad, la lei Deu bien apris　　　　　E 22 b
E cum il deivent partir tut le pais,
Deu li diseit, qu'il est pres de sa fin.
Donc s'aprochat vers le munt Abrahin.
Il murrat kar il vit ben sun terme;　　　　　275
Li Ebreu li sivent a dolur e a lerme :
Seignurs, dist il, je vus ai ben amé,
Ore part de vus, kar Deu m'ad apelé ;
Sovenge vus que Deu ad mult pur vus ovré
En cel desert, pur vostre parenté ;　　　　　280
E vus avez sur tote genz valur
Pur meintenir caple e fort estur.
Gardez sa lei e sun comandement,
Dunc serrez vus beneit sur totes genz.
Honurez mult vostre duc Josué,　　　　　285
E vostre evesque, servez tut tens a gré.

Dem Verfasser scheint der Tod Moses, wie er im letzten Kapitel
des fünften Buches zu lesen ist, nicht dramatisch und anregend
genug, und daher lässt er ihn von einem Nebel bedecken und vor
den Augen der Israeliten verschwinden.

En dementers qu'il parole a ses genz,
Qui pur sa mort sunt tristes e dolenz.
Une nue descent, si l'ad trestut covert,　　　　290
U Deu ad fet pur lui miracle apert.
En cele nue si cum trovum escrit,
Morut Moyses e rendit l'espirit.
Cent anz e vint, seignurs, ot il passé
Unc puis sun cors ne pout estre trové.　　　　295
Apres ses jurs prophete ne nasqui,
Qui fust a Deu tant cher ne tant ami.
Par trente jurs plurerent li Ebreu
Pur Moïsen, serjant e ami Deu.
Ici finist, li livre Moysen　　　　　300
A qui Deu dona grant vertu e sen.　　　　E 22 a

282. caples in C.　　285. guiur in C.　　290. niule in A.
292. niule in A.　　298. nach A.　　301. grant=C.

Das Buch Josua fängt an, als ob der Verfasser wieder zu Atem gekommen wäre.

Ore comencerum, seignurs, novel estoire
De Josue, si metum en memoire;
De Eleazar, qui fu soverein proveire;
Des ducs, des princes qui furent en cel eire.   305

Von der Rahab lesen wir die naïve Erklärung, dass:

Sur totes genz elle ama les Ebreus.

Von dem Durchzug durch den Fluss Jordan und der darauf folgenden Erbauung eines Altars aus zwölf Steinen sagt unser Verfasser, indem er die Worte (Jos. iv. 9): *und sie sind noch daselbst bis auf diesen Tag*, buchstäblich nimmt:

Pur remembrer le miracle Deu,
Qu'il fist al flum, quant passerent li Ebreu.
Des duze peres, esta uncore li auter
Desqu'a cest jur, le veient li palmer.   310

Unser Verfasser übersieht nie solche Ereignisse wie die Ungehorsamkeit Achans und dessen Strafe und bezeichnet dadurch seine Stellung als Lehrer dem Volke gegenüber. Die Ortsnamen im Texte werden öfters so verändert, dass sie kaum erkennbar sind, also bei der Erörterung der Belagerung der Stadt Ai spricht er von der 'vile d'Adan' (C 70 v° b A 44 v° auch in Rubriken); dies ist aber wahrscheinlich nur des Reims wegen geändert, da der folgende Vers auf Jordan ausgeht. Auch später reimt Jericob mit Jacob. Der Verfasser bemüht sich nicht immer die Details sehr genau anzugeben, Josua, statt seine Lanze auszurecken; soll seinen 'escu d'or' aufgehoben haben. Nach Josuas Rede kommt eine Beschreibung der Schlacht, die für eine Chanson de Geste viel besser passt als für eine Version der heiligen Schrift:

Od les trenchanz, les fierent enmi le vis,   A 45 v°
La verriez, si fort li capleiz,
Seles voider, henir les Arabiz.
Qui ne se sout covrir de sun escu,
En poi de tens li est le chef tolu.   315
Mais li Ebreu les unt tost descunfiz,
Par Josue qui est pruz e hardiz...
La veit l'um tant paiens trubucher,
Li uns ser l'autre trubucher e reverser.
Tant chevalerz paiens crier e braire.   320
Tant bon cheval de pris aler estraire.
Ne pout le pere al fiz aver garant,
Mort sunt u pris, trestuz de meintenant.

308.   nach A und C.   809.   des = C.   320.   = E; braer in A.
821.   E hat e estraire.

Und auch in der Schlacht mit den Amoriten lesen wir :

<blockquote>
Lez filz Jacob lur funt voider les seles   A 47, C 71
Mult i espandent le jur, sanc e cerveles.   325
La veist l'um, maint bon cheval curcer,
Par la bataille corant sanz chevaler
Tant poinz, tant piez gesir par la champaine,
Tant chef sanz buc, qui en sanc se baigne,
</blockquote>

Die Tapferkeit und Thaten Josuas vergisst der Verfasser auch nicht :

<blockquote>
Par la bataille vet Josué puignant,   ·330
Quil consiut, de mort n'ad il garant.
De maint paen espandi il le sang,
Qui a la fin, se clama recreant.
</blockquote>

Von den Erbteilen der verschiednen Stämme sagt unser Verfasser nichts, die Namen der besiegten Könige nennt er auch nicht, statt dessen schreibt er:

<blockquote>
Trente reis unt il ocis en nun,   A 48
A la bible voist qui volt saver lur nun.   335
</blockquote>

Wie oben schon erwähnt, schmiedet der Dichter Wörter, insbesondere Ortsnamen, des Reims wegen. Die grosse Sammlung der Kinder Israel soll in Silob* (: Jacob) abgehalten werden und in der letzten Rede Josuas lesen wir :

<blockquote>
E a vos, seignurs, qui estes fiz Jacob   A 49
De ça le flum, vus dona Jericob.   C 72, E 26 b
</blockquote>

Der Verfasser will immer etwas Dramatisches hinzufügen und lässt Josua sterben, indem er die Israeliten ermahnt, das Recht Gottes zu wahren :

<blockquote>
En dementers qu'il a la gent parlat,   A 49 v°
En paraïs l'alme de li s'en vat.
</blockquote>

Nach einer Leichenrede, wo er die Thaten und Verdienste Josuas bespricht, beschliesst er das Buch Josua mit diesen zwei Zeilen :

<blockquote>
L'alme de li, el l'alme de Moysen   340
San fin, requiescant in pace. Amen.   E 26 c
</blockquote>

Im Anfang des Buches der Richter hören wir wohl von der Eroberung von Jerusalem oder Salem, wie er die Stadt lieber heisst, aber nichts davon, dass der Stamm Juda besonders den Krieg führt; auch giebt er uns keine bestimmte Auskunft darüber. Was die Sitten dieser Zeit betrifft, seien sie verwerflich oder musterhaft, schreibt er mit der grössten Genauigkeit nieder. Das Triumphlied Deboras und Baraks ist ausgelassen; wahrscheinlich

---

324. lur nach C.   325. espandirent = A.   326. A = cheval de pris :
sanz amis.   331. F = A: E hat confust.   335. A hat al diable voist ;
* statt Silob hat A richtig Silo.   341. A = pais.

schien es ihm unpassend. Die Geschichte Gideons und dessen
Heldenthaten, sowie die Niederlage der Midianiter werden mit dem
grössten Fleiss erzählt; der Verfasser kann sich aber nicht enthalten epische Eigentümlichkeiten hinzuzufügen, und solche Ausdrücke, die für eine Chanson de Geste, aber kaum für eine Version
der heiligen Schrift passend sind, wie z. B. die im Siege gewonnene
Beute:

> Grant fu l'aver que Ebreus unt cunquis,
> D'or e d'argent e de bons dras de pria

Als Beispiel des abgeschmackten Stils und des schwülstigen
Ausdrucks kann das Folgende dienen. Abimelec wird von einer
Frau umgebracht:

> Abimelec feri ele d'une mole   O 75 a, E 29 b
> Si qu'il perdit la vie e la parole.   345

Die sympathischste Stelle der ganzen Version, die seine Zuhörer
am meisten angeregt haben muss, ist sicher diejenige, welche von
Jephthah handelt. Nachdem er in sein Haus gekommen ist und
sich an sein Gelübde erinnert hat, welches ihn zwingt seine
Tochter aufzuopfern, sagt sie zu ihm:

> Bel pere, dist ele, ne seez pas dolent;
> Le vou que vus avez a Deu voué;
> Ja par ta fille ne serra desturbé.
> Melz voil, bel pere, jo sule la mort suffrir,
> Que tot le pople n'estuce en champ morir.   350
> Mes une ren vus voil preer enceis,
> Donez mei terme e espace de dous meis....
> A sa fille il dona le respit;
> Cele s'en vait par vales e par muntaignes,
> U ele trovat ses peres e ses cumpaignes,   355
> Ne la vit nule que forment ne la plaigne.
> Mes ne pot estre, que par itant remeigne....
> Ele repeire quant ele savait sun terme,
> Od ses cumpaignes a dolur e a ferme.   A 57 r°
> Ele se puroffre, e Gepte trait l'espée,   360
> Sa fille demeine, ad il sacrefié.   F 30 a

In der Reihe der Richter (Kap. 12) finden wir einen sonderbaren
Irrtum, die betreffende Stelle (Vers 11) lautet 'Nach diesen
richtete Israel Elon...zehn Zahre...und ward begraben zu Ajalon,'
während es in E steht

> Aprez cestui regna Abjalon   362
> Dis anz: C 76 v° a, E 30 b

d. h. unser Verfasser hat einen Ortsnamen als Namen eines Richters
verstanden.

350. =C; n'estot in E.   358. ele nach C.   360. proefre A.
362. A hat Absolon.

Da unser Verfasser jetzt eine wichtige Geschichte zu erzählen hat, fühlt er sich gezwungen, einen würdigern Anfang zu schreiben. Vom Vater Simsons sagt er:

> Entre els (die Israeliten) maneit un hom de grant ferte,
> Bien fu de Deus, si out nun Manue.   365
> De la ligné Dan cist descendi,
> Pur sa bunté fu il a tuz ami;
> Entre baruns e entre citeseins
> Pur honur fere, fu il li premereins.
> La femme esteit de mult riche parenté,   370
> E surmonta ses pers par grant belte:
> Mes d'une ren se doute mult la bele,
> Il n'unt enfant, ne madle ne femele;
> De ço sunt il dolent e irascuz,
> Trestut lur semble, qu'il unt lur tens perduz.   375
> Ele prie Deu, sovent od sun mariz,
> Qu'Il lur donast ensemble fille u fiz,
> Par qui lur fud la dolur alegé,
> E apres els terreit lur herité.
> Ço fu tot tens lur pleinte e lur preere.   380

Statt der einfachen Worte der Bibel über die Erscheinung des Engels, der die Geburt Simsons verkündigt, macht unser Verfasser einen kleinen Roman daraus:

> Li ber (Manoah) s'en gabe, quant il ot la parole,
> · E ben dist a sa femme qu'ele esteit fole.
>   D 76 rᵇ, A 58 r, E 30 c
> Il la mescreit, si que del angle Deu,
> Qu'il seit sun dru u aucun fol Ebreu;

und infolgedessen bittet, anstatt Manoah, die Frau darum, dass der Engel wieder gesandt werde.

Der Verfasser strebt immer nach einer Genauigkeit in den einfachsten Einzelnheiten, die ihn öfters lächerlich erscheinen lässt; als Simson das Aas des Löwen, den er zerrissen hatte, besah, fand er den Bienenschwarm in dem Rachen:

> Entre les joels, il trove del leuncel,   385
> Un esseim de es e un re plein de mel.

Statt Delila heisst das Weib Delida und, wie Hagen im Nibelungenlied, will sie wissen, worin seine Kraft besteht, um ihm das Leben erhalten zu können:

> Si jol saveie, jo vos feïse bon aie E 36 b, c; A 63, C 79
> De vostre cors garder, sanz tricherie.
> Par mei e par vos serra garanti.

379. nach C; statt els hat E eirs und remist statt terreit. 386. =C; un re fehlt in E. Delila in C.

Nach Delilas drittem Versuch, Simson zu betrügen, steht eine
Anrede an Simson selbst, worin er ermahnt wird, der betrügerischen
Delila nicht zuzuhören und der Verfasser beklagt sich, dass
Männer so oft durch Frauen in Verlegenheit gekommen sind. Er
scheint sogar selbst einer davon gewesen zu sein.

Durs est li quers que femme ne destrosse.   390
A Deu Samson, ne vus lessez trahir,
Si tu descovres, tei estovera murir.
Ne vus lessez, par femme desheriter.
Del a grant force, dunt vus estes si fer......
Ne suffrez que, par femme seez enginné   395
De la grant force que Deu vus ad doné...
Ne la creez mie, pur dolur qu'ele face,
Ne par promesse d'amur ne pur menace.
Ço est costume de femme e fu tuit dis.
Pensez d'Adam cum il fu poestis...   400
Quant il fu jete par femme de parais
Pernez essample de Joseph le barun,
Qui melz voleit gisir en la prisun
Que le cunseil, la fole dame crere.
E Deu offendre e sun seignur deceivre.   405

Dann schreibt er traurig weiter:

Pur nent, seignurs, pur nent le chastiun,
L'engin de femme l'ad pris en mal laçun.

Bei der letzten Rache Simsons lässt der Verfasser seiner Einbildungskraft freien Lauf. Das Haus, worin die Philister ihr
Fest abhielten, soll nur auf einer Säule geruht haben. Simson
hiess auch den Knaben, der ihn führte, aus dem Haus gehen, dass
er für den ihm geleisteten Dienst nicht mit den andern stürbe.
Wie es gewiss seinen Zuhörern angenehm war, liess der Verfasser
die falsche Delila mitsterben.

Er schliesst das Buch der Richter mit den Worten:

Ici finist le livre Judicium;
Brefment l'ai dit si cum nus le lisum.

Das Buch Ruth besteht aus nur hundert zweiundsechzig
Versen. Der Anfang lautet:

Ici comence, seignurs, le livre Ruth,   410
Il est petit, mes il est mult pruth.

Der Verfasser fügt auch einen Teil des Geschlechtsregisters
Christi hinzu:

De ceste femme e de s'engendrure
Nasqui Jhesus...

397. =C. E hat qu'ele v. face.   407.   =A. C=en sun laçun. E en
mallaçun.   409. le nach C. Das Buch Ruth hat ebenso viel in A und in O.

E ele est paene, ceo volt Jhesu Christ
K'il des Judeus e des paens nasquist.   415

Darauf folgt, in einfacher Weise erzählt, die Geschichte von
Elimelech und von Naomi, Boaz und Ruth.
Das Buch schliesst mit ähnlichen Worten wie es anfängt.

Ici finist, seignurs, le livre Ruth
Ki ben i entent, il fet mult de sun pruth.

Mit dem Anfang des ersten Buches der Könige rafft der Ver-
fasser sich etwas zusammen und beginnt in einer feierlicheren
Weise. Das Blatt ist auch, wie oben erwähnt (S. 8), mit einem
Bildnis geziert. Die ersten Verse lauten:

El nun del pere, del fiz, del seint Espirit,   E 35 c
Del veil estoire, nus frum novel escrit:
Del livre regum, ço est livre des reis,   420
Solum latin e solum françeis.

Dieses erste Buch, wie Bonnard (S. 100) bemerkt, ist dasjenige,
welches am allergenauesten übersetzt ist; mit unserer Hs. können
wir wohl mit Interesse die altfranzösische Übersetzung der *Quatre
Livres des Rois* vergleichen. Es muss vorausgeschickt werden, dass
unser Verfasser nicht die Absicht hat eine Übersetzung zu
machen, sondern er erzählt die Geschichte, wie er sie findet, entweder aus den Büchern der Könige oder aus den Chroniken, öfters
auch, indem er eine Zusammenschmelzung von beiden macht.
Grade hier im Anfang sagt er, Elkana (Helcona) sei aus dem
Geschlecht Levi, was wir erst im Geschlechtsregister im ersten
Buch der Chronika 7 (6) 26 finden. In den *Quatre Livres des Rois*
ist die zweite Frau Anna als 'la plus noble' bezeichnet, bei unserem Verfasser aber als 'la plus joune.' Unser Autor traut sich
entweder nicht zu, lange Reden übersetzen zu können, oder er
übersieht sie als unpassend; merkwürdig ist es jedoch, dass er den
Lobgesang Annas nicht erwähnt, sondern sofort nach Samuels
Eintritt in den Dienst des Tempels von den zwei Söhnen Elis und
deren Sünden spricht.
In den Büchern der Könige überhaupt werden die Anreden an
die Zuhörer immer häufiger; bei dieser Gelegenheit spricht er von
Kinderzucht und bemerkt:

Ki ad u fiz u fille a justicier: A 69 r°, E 36 b
K'il ne lur sofre encuntre Deu errer
Cum fist Ely, dunt vus m'oez parler:
Chescun deit ben, sun enfant chastier,   425
K'il ne meseire vers Deu, ne vers sun per.
Kar s'il le sofre, sanz qu'il ne le reprenge,
Deu ne lerra, ço quid, qu'il ne se venge.

417. mult=C.   421. soluno nos in C.   426. nach C.

Nachdem Samuel berufen ist, lesen wir nur, dass er als Prophet erkannt war und nichts von irgend einer besondern Prophetie; unser Verfasser schreibt aber:

> E quant qu'il dist as genz, de prophecie,
> Trestot fu veir, un mot ne failli mie.

Die sonderbaren Ausdrücke eines epischen Werkes werden auch hier angewendet. Von der Niederlage und dem Tod von viertausend Mann lesen wir:

> Tels quatre mil, il unt remis al jur.   430
> Dunt Filisteu n'averunt ja mes pour.   E 35, C 83 v°

Der Name Sarazene ist für den Verfasser dieser Periode viel umfassend; hier wird der Ausdruck auf die Philister angewendet.

> Tant i ad mort du pople sarezin,
> N'est en tere, qui pot saver la fin.

(Durch die Plagen wegen der entführten Bundeslade.)

Als die Lade den Israeliten wieder zugestellt wurde, soll sie von zwei Ochsen gezogen worden sein, und nicht von zwei Kühen, deren Kälber daheim gehalten waren. Die Anrede der Ältesten in Israel, als sie einen König begehrten, ist eine sehr genaue Übersetzung und zählt zu den besten Stücken der Version.

> Vus estes veil, funt il, e mult defrait,
> Si vus morez, malement nus est.   435
> Vos fiz ne gardent lei ne comandement,
> Desqu'a cest jur il unt traï la gent.
> Metez sur nus un rei qui nus meintenge,
> Apres vos jurs, quanque de vus avenge.
> Donez nus rei qui seit pruz e vaillant,   440
> Ki apres vus nus seit par tut garant,
> E pur nus face batailles e granz esturs
> Quant mesters est cuntre gent paenur.
> Trestote la gent, qui sunt el munde Deu,
> Unt rei sur els, fors nus qui sumes Ebreu.   445
> Fetes un rei, qui governe la gent;
> Ço vus querum, trestoz communement.
>   E 37 a, A 71 v°, C 84 r° a

Saul wird gewählt und dieses Ereignis vollständig besprochen, aber weder von seiner besondern Grösse noch von seiner Salbung zum König ist die Rede.

Als Nahas, der Ammoniter, die Stadt Gabes belagerte und deren Einwohner so schlecht behandeln wollte, war Saul bei der Ankunft der Boten mit dem Pflügen eines Ackers beschäftigt; dies scheint unserm Verfasser für einen König unpassend zu sein,

---

431. ja nach E.   435. E hat esteit; A est.
445. =A; E hat qui eimes Deu.

statt dessen liess er einen Ochsen kommen und denselben von
einem Diener zerstückeln.

> Il fet un bof, devant li amener, E 39 a, C 85 a, A 74 v°
> A un serjant le fet tut decolper.

Als Saul zum König in Gilgal gemacht wurde, hielt Samuel eine
Anrede an das Volk, welche hier auch sehr ansprechend ausge-
drückt wird, obwohl alles nicht genau in derselben Reihenfolge
vorkommt; sie enthält jedoch die Hauptzüge der Rede mit der
Ausnahme, dass die Geschichte der Kinder Israels nicht so vollständig dargestellt wird wie in der heiligen Schrift. Als das Heer
der Philister versammelt ist, bereit gegen Israel auszuziehen,
fühlt der Verfasser sich gezwungen, seinen an kriegerische Vor-
träge gewöhnten Zuhörern von der Grösse und Macht des feind-
lichen Heeres zu erzählen und schreibt :

> La veist l'um tant bon cheval en champ, C 86 a, b, E 40 b
> Tant bel escu, tant healme cler lusant ; 451
> Tant bel enseigne, en haut aler el vent ;
> Tant bel armeure, tant destrier corant ;
> Tel ost ne fu, en tere mes vou,
> S'il Deu amassent, mult fussent de grant vertu. 455

Nach einer verhältnismässig interessanten und gut geschrie-
benen Stelle kommen wir an eine sehr abgeschmackte, so z. B.
nach einer recht lesbaren Version des 14ᵗᵉⁿ Kapitels, welches von
der Heldenthat Jonathans handelt, lesen wir folgende Verse als
Übertragung der Verse 50 und 51 :

> Abner, fiz Ner out la senescalcie,
> Des chevalers le rei e la mestrie :
> Abner e Saul sunt de dous freres nez,
> Par tant sunt il cosin germein nomez :
> Ner engendra Abner, si fu frere 460
> Cis, qui out Saul e fu sun pere.

Wir finden manchmal bei unserem Verfasser eine oft kindische
aber dem Geschmack seiner Zeit passende Gottesvorstellung ;
während wir, Kapitel 16 des ersten Buches der Könige, lesen:
"Und der Herr sprach zu Samuel ' Wie lange trägst du Leid um
Saul, den ich verworfen habe, dass er nicht König sei über Israel,'"
lesen wir in E 43 d:

> Li creatur de sun prophete entent,
> K'il est marriz e sospire sovent.
> Il le cunforte e dit mult ducement ;
> 'Ostez de vus, coruz e marrement, 465
> 'Del rei Saul ne pot estre autrement,
> 'Si jol fis rei, sacez ore me repent.'

---

449. le nach C.   452. aler fehlt in E = C.   460. Abner = C ;
fehlt in E.

Bei der Salbung Davids werden die Söhne Isais nicht genannt,
auch nicht der erste, der Verfasser sagt einfach :

> Apres celui, Jessé li amenat, C 90 a, A 83 vᵒ
> L'un apres l'autre, e Deu le refusat.

Dem didactischen Geschmack des ganzen Werkes entsprechend,
folgen auf die Salbung verschiedene Ratschläge an David:

> Puis li aprist, cum il se cuntendreit, 470
> Seez, dist il, dreiturels e leals,
> E vus garrez de perils e de mals,
> Amez justize, seez obedient
> A la lei Deu e sun comandement.

Nach der Salbung geht David zu Saul, von welchem durch
dessen Spielen der böse Geist wich. Hierauf folgt die Beschreibung Goliaths, die zwar etwas anders lautet als in der Bibel;
wenigstens giebt der Verfasser ein andres, seinen Zuhörern besser
bekanntes Mass. In der Bibel heisst es sechs Ellen und eine
Handbreit hoch, in E aber 'quatre teises e plus,' das, obwohl
nicht sehr leicht zu bestimmen, etwa zweimal so viel zu sein
scheint: sein Panzer soll auch 'sis cent livres d'areim' gewogen
haben und 'li fers sur sa lance...seisante livres.' Der Tapferkeit Davids gegen die wilden Tiere fügt er hinzu, dass David
keine Waffe ausser seinen beiden Händen hatte. Unser Verfasser spricht auch von einem persönlichen Versuche seitens Saul
David das Leben zu nehmen. Da David sein Leben durch Flucht
retten muss und zwar durch den Edelmut seiner Frau, betrachtet
der Verfasser dies als eine Veranlassung seinen Hass gegen die
derzeitigen Frauen auszusprechen (vgl. Bonnard 95).

Über die Trennung Michals und Davids macht er die recht
fade und unsympathische Bemerkung:

> Mult fu Davi dolent, si fu s'amie, E 47 a, A 89 b
> Al partir, quit, il n'unt talant qu'il rie. 475

Die Tirade gegen die Frauen, welche unmittelbar darauf folgt,
besteht aus etwa fünfzig Zeilen, und ihr Inhalt ist wohl erkennbar durch die letzten zwei Verse :

> A la parfin, ne lerrai que nel die,
> Suz cel, n'ad beste, qui tant face boisdie.

Der Verfasser beschäftigt sich mit der Geschichte Davids, mit
seinen Wandrungen, seinen Zügen gegen die Philister und erzählt
wie er die Schaubrote isst. Seine Männer sind—ausser seinen
Verwandten—

> cil qui sunt desheritez E 50 a
> E li futil le rei e les exillez,
> Trestotes genz qui erent degarrés.

472. E hat E v. g. dist il....   475. E departir=il nach C.

Der Verfasser fügt in sehr naïver Weise hinzu

> Jo quid qu'il les soldea povrement.

In unserem Text sucht Abimelech (I Kön. 22) in einer andern Weise sich dafür zu entschuldigen, dass er David aufgenommen habe: er habe ihn als Sauls Freund und Eidam in sein Haus geführt und ihm das Schwert Goliaths gegeben, weil

> Il les cunquist a force e sanz aie.

Nachdem David Saul in der Höhle geschont-hat, kommt der Tod Samuels und der Verfasser fühlt sich veranlasst seine Thaten und Lebensweise zu loben, er sei seit Moses und Josua der edelste Hebräer gewesen. Mit genauem Anschluss an die heilige Schrift erzählt der Verfasser die Ereignisse bis zum Sieg Davids über die Amalekiter, die Beschreibung der Schlacht enthält manches, was in jeder Chanson de Geste hätte Platz finden können:

> La veist l'um tant bon cheval cursur;
> Tant bel escu covert d'or e d'azur;   480
> Tant bon hauberc e heaume relusant,
> De la clarté tot resplendi le champ;
> Tant bel enseigne, qui se desplie al vent.

Von der letzten Schlacht Sauls ist die Beschreibung ähnlich; von Jonathan sagt er:

> Pur meillur home, ne sona unques glas.

In dieser Schlacht schreibt er Saul eine ungeheure Tapferkeit zu, er lässt ihn aber durch seinen 'esquier' erstechen, der Aussage des Jünglings gemäss, der David Auskunft giebt über den Tod Sauls.

Das erste Buch der Könige schliesst in folgender Weise:

> Vint anz regna Saul sur les Ebreus,   485
> Mult fu prudume tant cum il ama Deus.
> Ici finist des reis le primer livre,
> Luer demand, si jo dei mes escrivre.

Das zweite Buch fängt an:

> Oï avez, seignurs, en vos escriz
> Coment Saul murut od ses treiz fiz,   490
> E cum Ebreu sunt el champ descunfiz,
> E li plusor, detrenchez e occiz.

Unser Verfasser fügt stets Näheres über ein Ereignis hinzu, das meistenteils reine Erfindung ist, um dasselbe wahrscheinlicher zu machen. Die Krone und Armgeschmeide Sauls sollen von ihm selbst dem Amalekiter angeboten worden sein. David allein aus ganz Israel soll Sauls Tod beweint haben. Wie oben S. 29 bemerkt, fehlt unserm Autor im höchsten Grad die

487. E hat secund. p. in A und C.   492. nach C. E hat plusors.

Gabe der Erzählung einer gefühlvollen und rührenden Stelle
ziemenden Ausdruck zu geben, und wir lesen:

> Desque Davi out oï la novele,
> De Jonatha, ele ne li fu bele.

A 108 v°, C 103 v° b, E 56 v° b

und auf demselben Folio:

> De Jonatha, est la novele oïe   495
> Davi l'entent, si n'at talent qu'il rie.

Er sucht seinen Vortrag der übertriebenen Schreibweise der
Zeit anzupassen und schreibt David ein grösseres Leid zu als die
Erzählung in der Bibel veranlasst. So tief ist sein Kummer
dass

> Volt sei occire, mes un barun le tint.

A 109 r°, C 103 c, E 57 a

Die Verhandlungen zwischen Abner und David und der Tod
des ersteren durch den Verrat Joabs sind sehr lang ausgedehnt, im
Gegensatz zu der einfachen Erzählung der heiligen Schrift: unser
Verfasser nennt die zwei Boten, welche Ishboseth ermordeten,
Racab und Raba (deutsch Rechab und Baena); als diese zu David
kommen und einen Botenlohn erwarten, gelingt es dem Verfasser
sich in lebhafter Weise auszudrücken. David sagt ihnen:

> Ne vus sovint que jo livrai a mort,
> Celui que nus ocist Saul le fort,
> Quidastes vus que jo euse le quer changé...?   500
> Pur icel Deu a qui le mund apent,
> Vus recevrez memes le jugement.

Wie der Verfasser der *Quatre Livres des Rois* fügt der unsrige
Ereignisse hinzu aus den Chroniken und aus den Werken des
Hieronymus, welchen er Folio 2 erwähnt. Besonders interessant
war ihm der Sieg Davids über die Jebusen (Jebusiter) II Samuel
v. 6 ff. und I Chron. xvii. 6 ff. und die Eroberung Jerusalems.
Die Stelle in Kapitel v. der *Q. L. des R.* 'E li reis David prist la
cited e les fortelesces e mult la esforzad e Jerusalem l'apelad'
findet ihren Widerklang in den folgenden Versen

> Davi seisist chastels e fermetez...   C 107 b, E 60 d
> Jerusalem l'ad David dunc apele.

Als David das zweite Mal, nachdem er König von ganz Israel
geworden war, die Philister schlug, erwähnt unser Verfasser das
Ereignis von dem Rauschen in den Wipfeln der Maulbeerbäume
in seiner eignen Art und Weise:

> Dunc parla Deu, si dist al rei Davi   C 108 a, E 61 b 505
> En la vespree, dist il, seez garni,
> Menez vostre ost la sus en vers cel munt,

Sis enbuischez en la forest parfunt
Quant vus orrez, ensemble od vostre gent,
De totes parz moveir le bois sanz vent,   510
Dunc vus movez vers la gent paenurs.
Bien les veintrez; jo vus ferai socurs.

Bemerkungswert ist hier die entsprechende Stelle in den *Q. L. des R.*, wo Jeronimus als Autorität angegeben wird "E cume tu orras le sun e la noïse des angeles ki destruirrunt e descunfirent les ydles e les fals deus as Philistiens, dunc les iras ferir." (S. 139.)

Der Freudentanz Davids wird nicht erwähnt, und unser Verfasser scheint auch eine Gelegenheit zu versäumen, die er sonst benützt hat, nämlich seinem Hass gegen die Frauen freien Lauf zu lassen, indem er nichts von Michal sagt. Wenn Gott mit Nathan spricht und verheisst, dass ein Sohn Davids ihm das Haus bauen soll, erwähnt Verfasser den Namen Salomons, während er in der Bibel an der betreffenden Stelle nicht erwähnt wird. Unser Verfasser ergänzt seine Erzählung mit Verweisen auf jüdische Gesetze wie z. B. das Gesetz über Ehebruch, welches er wahrscheinlich in Erinnerung an Joh. 8. 3 ff. erwähnt. Bei dieser Sünde Davids zeigt der Verfasser eine sonderbare, in heftigem Widerspruch zu der Lehre des Apostels Paulus (Röm. 8) stehende Theologie. Gott soll diese Sünde gestattet haben um uns zu lehren demütig zu sein.

Par lui volt il (Gott) totes genz chastier,
Que nuls ne seit trop orgoillus ne fer.   E 64 d

Darauf folgt eine Art Predigt worin denselben Gründen zugeschrieben wird, dass St Peter seinen Herrn verleugnete; mit einer Ermahnung zur Bekenntnis der Sünde schliesst sie mit den Worten:

Ore repeirum arere a nostre estoire;   515
Cest bref sermun retenez en memoire.

In Hinsicht auf dieses Vergehen soll David den Psalm '*Miserere mei Deus*' gedichtet haben, womit er wohl den Psalm 51 meint (Ps. 56, 57 beginnen auch *Miserere mei*), welcher in der That in der gewöhnlichen modernen frz. Übersetzung die darauf hinweisende Überschrift trägt:

E pur cest fet qu'il fist encuntre lei
Miserere mei Deus trova le rei.

Das Haar von Absalon scheint auf unsern Verfasser grossen Eindruck gemacht zu haben; wo er eigentlich die von ihm angegebenen Details gefunden hat, habe ich nicht entdecken

508. nach C. E = si vus.   516. E hat tenez.   518. E hat Davi le rei.

B.   3

können, obwohl das Gewicht des Haares als 200 Sekel (II Kön. 14.
25 ff.) angegeben wird. Er sagt:

Absolon out estrange chevelure;
Il est merveille a dire de sa tondure.   520
Mettre estoveit espace uit jurs enters,
Einz que fust partundu li bachelers.
L'um lui tundi par art e par engin,
Par tant vint la tundure tart a fin.
Al chef del an se fist tut tens ruigner,   525
Ne pout le fes de ses chevoilz porter.
De ses chevoilz uncore vus dirrai plus
Vint livres peisent, quant il sunt partunduz.
Si jo di merveille, ne me blamez,
Issi le truis es livres d'antiquité.   E 67 c d   530

Während Absalon am Hofe des Königs seines Vaters, verweilt
und "stiehlt das Herz der Männer Israels," benimmt er sich wie
ein mittelalterlicher Baron und kaum wie im 2ten Buch der Könige
Kap. 15.

E si promist a tuz tel amisté,
Que s'il esteit james en poesté.
Il lur dorreit honurs e granz aveirs,
Plus que onques ne fist Davi li reis.   E 68 r° a

Statt "nach vierzig Jahren" (II Kön. 15. 7) giebt unser Verfasser
nur vier an bis Absalon seinen Aufruhr anfängt[1]. Die Ereignisse
des ganzen Aufruhrs decken sich sehr genau mit den Angaben der
heiligen Schrift. Verschiedenheiten sind folgende. Die beiden
Boten Husais, die Söhne der Priester, finden ihr Versteck nicht in
einem 'Brunnen,' sondern 'en une cisterne sanz eve' (E 69 d).
David in Mahanaim wird von vier 'baruns' bewirtet: Berzeleiz
(Barsillai), Sifa (Sobi), Machir und Amandias—welch letzterer
aber in der Bibel nicht erwähnt wird. Dem epischen Sinne der
ganzen Erzählung gemäss flieht Absalon nicht auf einem Maultier,
sondern auf einem Schlachtpferd—"un cheval corant"—und der
Verfasser folgt der populären Legende, dass er mit seinem Haar
hängen bleibt. Joab soll auch irgend einem Knecht 'cinquante
sicles d'argent' versprochen haben um Absalon zu töten; dies thut
er schliesslich selber mit seiner "lance burnie" und nicht mit
'drei Spiessen'; von seinen zehn Knechten, die ihn getötet haben
sollen, wird auch nicht gesprochen. Als David sein Königreich
wieder in Frieden besitzt, erwähnt Verfasser die königlichen
Beamten :

Banaie, un chevaler de grant pris,   535
Sur les gardeins le rei est mis.
Aduram pur recuillir le truiz,

---

522. par tundi nach C.   528. nach C. E hat il est tunduz.
533. E hat dorrat. L = C.
[1] Vgl. Josephus B. vii. Kp. 9.

Des paens qui se sunt a lui renduz.
Josaphat sur cels qui gestes funt,
Al os de rei del comensail del mund.   540
Siba fu mestre escrivein Davi
E enbrevur de quant qu'il despendi.
Abiathar e Sadoc le Jueu,
Maistres pruveires el tabernacle Deu.
Iram esteit sun chapelein demeine   545
Assez i ad qui del service se peine.   C 120 a, E 73 c

Von Davids Siegen über die Philister und den Heldenthaten seiner vier Knechte, die die vier Söhne Raphas schlagen, spricht unser Verfasser wieder in echt epischer Weise. Davids Lobgesang erwähnt er nur ganz kurz, er verweist seine Zuhörer auf Psalm 18. Diesen vier reiht er "des altres baruns qui erent de parage" an und spricht besonders von fünf—von Eusebic (Jasabeam), Eleazar, Semeia (Samna), Abisai und Bananie (Banaja), dieses Heldenbuch schliesst er mit folgendem Vers:

Ne puis nomer trestuz, il i ad tant.   E 74 d

Die Ereignisse in Kap. 24, die Zählung des Volks und die darauffolgende Strafe der Pestilenz sind sehr genau wiedergegeben, unser Verfasser jedoch fügt hinzu, dass die Tenne Arafnas als Bauplatz des Tempels bezeichnet wird, und als Stelle, wo Abraham seinen Sohn Isaak hat aufopfern wollen, und wo Christus gekreuzigt wurde.

Ileuc serra fundé la Deu maisun,
Que l'un nomerat le temple Salomun.
En memes cel liu se puroffri jadis,   550
Abraham le viel, sacrefier sun fiz.
E si vus di, seignurs, par verité,
En memes cel liu, fu Jhesus Christ pené.   E 75 b

Von dieser Stelle an folgt der Verfasser in seiner Erzählung den entsprechenden Kapiteln im ersten Buche der Chronika; die Ereignisse, welche die Salbung Salomos herbeiführen, sind sehr klar dargestellt, Salomo wird immer als ganz jung bezeichnet. Davids letzte Rede und Rat erinnern uns etwa an Stellen wie Karls des grossen Rede an seinen Sohn in der sogenannten 'Krönung Ludwigs[1]':

Fetes justize, dreiturel en tere,
Les povres homes, vus estot mentenir,   555
De vostre aver doner pur melz garir.
As riches homes vus estot fere honur
Sul qu'il sunt leals e de valur.   C 122 b, E 75 d

539. Sabathes in Josephus B. vii. Kp. 11.   542. e nach C.   546. service nach C.   se servir in E.   547. (tuz in E)=C.
[1] *Le Couronnement de Louis*, hrg. Société des anciens Textes français, ed. E. Langlois. Paris, 1888.

David lässt die Fürsten des Landes versammeln und vertraut ihnen seinen Sohn, grade wie ein Baron in mittelalterlichen Zeiten es gethan hätte. David selbst schreibt er eine besondere Ehrwürdigkeit zu:

Estut en haut entre sa gent hardie,   C 124 b, E 77 d
Si planiat sa barbe, qui ert florie,   560
Bas parole, cum home de grant age...
'Seignurs,' dist il 'jo sui vielz e desrait...
'Jo vus ai mult trestoz de quer amé,
'E vus m'avez tut tens servi a gré...
'Jo part del secle, si vus lerrai mun fiz   565
'De mun realme, il est ja tut seisiz,
'Pur Deu vus pri, que vus l'amez de fei,
'Si l'onurez cum hom deit fere a rei;
'Jofnes hom est, si ad mester d'aie,
'E de cunseil pur garantir sa vie.'   570

Bevor er stirbt, ruft David noch einmal Salomun zu sich und legt ihm das Bauen des Tempels ans Herz; daraufhin stirbt David.

L'alme s'en part, tut dreit envers le cel,
Si l'enportat l'archangle seint Michel.

Und damit schliesst das zweite Buch, obwohl im lateinischen Text Davids Tod erst im dritten Buche stattfindet.

Li secund livre, seignurs, est terminé,
Des reis Ebreus, qui sunt d'antiquité.   A 151 v, C 125 a

Das folgende fängt an wie manche audere:

Oï avez, seignurs, bone chancun,   575
Del meillur rei, qui calcist esperun.
Ço fu Davi qui fud prophete Deu,
Si fu prince e reis desur Ebreu.

A 151 v°, C 125 c, E 78 c

Nach dem Tod Simeis, der dem Gebot Salomos nicht gehorcht hat, spricht Verfasser eine Warnung aus gegen ungehorsame Unterthanen.

Sur co, seignurs, gard sei chescun de vus,
Que vers sun prince ne seit malicius.   E 79 c   580

Unser Verfasser übersetzt sehr genau das vierte Kapitel und freut sich, die Herrlichkeit und litterarische Thätigkeit Salomos zu erwähnen, er schreibt ihm Zauberkunst, grösser als die der Aegypter, zu.

Il fist les treis livres, que nus lisum,
Li uns est Cantica Canticorum.
Li altres Ecclesiasten nomé,
U nus trovum granment de devinité.

571. vers in E.   572. = C. E hat angle.   578. = C: sur in E.

Le terz est de proverbes e de respiz,   585
Tut le saver del mund, il i ad mis.   E 80 d

Die Gründung des Tempels setzt unser Verfasser ins Jahr 4055 nach der Schöpfung der Welt; er scheint mit der Baukunst sehr vertraut zu sein und giebt eine Beschreibung, die auf seine Zuhörer sicherlich einen grossen Eindruck gemacht haben muss; die Paneele im Tempel stellen die Geschichte des Volks dar; er will keine lange Rede halten, sagt er, aber alles besteht aus lauter Gold. Er behauptet, sämtliche Gefässe und Geräte im Tempel hätten ihre Bedeutung für unsere Religion. Von dieser Herrlichkeit ist der einfache Verfasser ganz überwältigt und sagt pathetisch:

Sul del penser, est dreit que l'um se seigne.
    C 129 a, E 82 c

Er erwähnt unter den Feierlichkeiten bei der Einweihung des Tempels das Laubhüttenfest und setzt es zwischen das Fest der Erhöhung des heiligen Kreuzes (jetzt Sept. 14) und Michaelis (Sept. 29, aber ehemals 11 Tage später). In seiner Beschreibung des königlichen Palastes scheint der Verfasser von Erzählungen orientalischen Ursprungs beeinflusst zu sein, in dessen Zimmern 'tut l'art d'amour' in Wandgemälden dargestellt sein soll und besonders von dem Zimmer der Königin sagt er:

Li solers est trestuz de blanc yvoire,
Ovré a or menu e a triphoire.
En cel solers n'ad rens fors sulement   590
Le blanc yvoire e cloues d'or e d'argent.   E 83 d

Die Botschaft des Propheten Ahia soll Salomo selbst überbracht werden und nicht Jeroheam, obwohl er die Erzählung des zerrissenen Mantels richtig angiebt. Den didactischen Zweck seines Werkes verliert unser Verfasser nie aus dem Auge, und nach Angabe von Salomons Tod spricht er von dem Werte der Armut und behauptet er sage dies nicht wegen Salomon, sondern wegen derjenigen, welche zu gierig sind; von seiner grossen Weisheit sagt er:

Ne quiez pas que tut seit en cest livre,
Sun grant saver, nul ne pot le descrivre.

Die Geschichte der Könige Israels und Judas erzählt er weiter, bald aus den Büchern der Könige und bald aus den Chroniken schöpfend, bis er in den Thaten des Propheten Elia Stoff zu einer längeren Erzählung findet. Er erwähnt mit Vorliebe die Thaten Elias, seinen Sieg über die Baalspfaffen, seine Flucht, Fasten und Trost, bis er Elisa trifft 'u il arat sa tere' und dann mit seiner gewöhnlichen Formel verlässt er Elia und erzählt weiter von Ahab.

Del prophete Helie a tant lerrum,   E 93 v°
Del rei Acab, ço qu'en avint dirrum.   595

Von Micha, dem Propheten (I Kön. 22) erzählt er, er sei schon in Ahabs Zuchthaus gewesen, bevor er vor den beiden Königen erscheint, den Tod Ahabs zu weissagen. Am Ende des 3ten Buches sagt er:

Li terz livre des reis vet ci finant,
Le quart dirrum, si vus tenez atant.
Seignurs, qui voldrat saver ceste estoire,
Mult li estot aver bone memoire.
E qu'il reteigne ben, des reis lur nums :   600
Des prophetes, des princes, des baruns :
Lur diz, lur fez, lui estot retenir
Mult i pot grant saveir recoillir ;
Tut deit l'um oïr sens e folie.   E 96 r° a

Elias Himmelfahrt und die Wunderthaten von Elisa sind sehr ausgedehnt und gehören zu den besten Teilen des ganzen Werkes; auch was die Metrik und Sprache betrifft, strengt der Verfasser sich an, diesen Ereignissen einen passenden Rahmen zu geben. Unter der Regierung Jerobeams wird im 4ten (bez. 2ten) Buche der Prophet Jona erwähnt. Unser Verfasser versäumt nicht die Erzählung, die im Buche Jonas steht, hier vollständig wiederzugeben, und wir finden die überraschende Behauptung, Jona sei vom Fische im Hafen von Hoxenford ausgespieen !

Treis jurs e treis nuiz le tint en sun cors   605
Puis le vomi el havene de Hoxenford.'   E 110 d

Über diese Darlegung habe ich näheres vergebens gesucht ; selbst das Wort *hafene*[1] finde ich nicht in Godefroy oder La Curne belegt. Kann dies sich auf den Namen Oxford, früher Oxenford (in XIII Jd.), welches jedoch kaum ein Hafen genannt werden kann, beziehen, oder hat er Tarsus (in Hs. E Tars), welches in Sicilien sein soll (100 c), als die Furt der Ochsen übersetzt, indem er annimmt, es habe mit taurus (> tors etc.) etwas zu thun[2]?

Die letzten Verse der Handscrift handeln von der Regierungszeit Ahas' (II bez. IV Könige K. 16) und lauten :

Puis Jonathas (Jotham) regna Acab sis fiz,
Celui del tut en tut al mal s'est pris.
Encuntre la lei Deu il ad overé,
Sur tuz les reis, qui devant li unt esté.   610
Il a guerpi, del tut le creatur.
Si est as ydles pris et al errur.
En Jerusalem, il ad alters levez,
A Baalin e altres deus assez.   E 111 v° b

---

608. en tut ergänzt nach B ; statt hat E mis.
[1] *hafne* kommt in den *Lais von Marie de France* viermal vor, vgl. Glossar ed. Warncke.
[2] Hat er '*Bosporus*' übersetzen wollen ?

Tant li chaitifs as paiens se alie,   615
Qu'il meines ses enfanz sacrefie:
Issi le firent dunc paene gent
De lur enfanz, cil le fet ensement.
Altres mals fist il assez, le felun,
Dunt il fet lung cunte en cest sermun.   620
Entre ces choses, Rasen, reis de Syr,
E Fasceas, reis de Israel, a Tyr,
Sur le rei Achaz vont e sur Juda.

Metrik.

Diese Version besteht aus Zehnsilblern, paarweise gereimt; mit der Caesur gewöhnlich nach der vierten Silbe, auch gelegentlich nach der sechsten, und auch oft ohne Caesur. Diese Form ist für die Zeit der Abfassung eine ziemlich ungewöhnliche (vgl. G. Paris, *Litt.* § 137).

Es ist eines von jenen Gedichten, wovon P. Meyer gesagt hat "*Il y a des poëmes, où à condition de supprimer plus ou moins régulièrement les finales atones, devenues muettes de bonne heure en Angleterre, on arrive à peu près à rétablir la mesure*" (Rom. xxv.). Es sind in der That mindestens fünfzehn pro Cent inkorrekte Verse. Für einen anglo-normannischen Dichter und besonders für einen Geistlichen, was unser unbekannter Verfasser sicherlich gewesen ist (vgl. S. 8), ist dies nichts Merkwürdiges.

Wir finden ein und dasselbe Wort, bald von einer Silbe, bald von mehreren:

    Faites, dist il, tendre vos pavilluns   E 69 a

und auf demselben Folio:

    Puis fetes les femmes, Davi venir avant.

Ore ist in der ersten Vershälfte beinahe immer einsilbig:

    Ore set li reis de Salomun sun fiz   E 95 c
    Ore vus venez, destruire par vostre guere   E 73 b

in der zweiten öfters zweisilbig:

    Il li ad dit, sire reis, ore choisez.

ele ist gewöhnlich einsilbig, z. B.

    Ele se purofre e Gepte trait l'espée   E 30 a
    Ele les avale parfunt en une vesprée   E 69 d

neben *cele*:

    Cele respunt, jo lur donai a beire.   E 69 d

Dies fällt am allermeisten auf bei der Zählung von Eigennamen: Jerusalem (in Hs. Jerlin geschrieben) wird gewöhnlich dreisilbig gezählt:

    En Jerusalem, pur garder sun paleis   E 68 c

neben viersilbig :

Il esgarda, Jerusalem l'antive. E 68 c

Giezi auch zwei- oder dreisilbig. Unbetonte Silben innerhalb des Verses werden gezählt oder nicht mit der allergrössten Willkür, z. B.

(a) In der ersten Vershälfte :

En ceste manere, li traitre se pendi	E 69 c
En ceste bataille, ot Effan los e pris	E 74 a
Un altre cunseil, Akitofel lui dist	E 69 b
Qu'il passe le flum, pur sei asseurer.	E 69 c

Oder in einem Vers mit Caesur nach der sechsten Silbe :

A fine les unt turné, de meintenant. E 70 c

(b) In der zweiten Vershälfte, weniger :

Vers els s'est contenu, mult joiusement	E 71 b
Alez, ço dient, encuntre le rei Davi	E 71 c
Al rei Davi e par sun enticement	E 71 c
Pur sun peeché, cest teinte fist il al reis.	E 69 b

Die Elision wird auch sehr frei behandelt. Sie kann beseitigt werden wie in

Dunc sauront il que entre vus james	E 69 a
En iceste nuit, jo ocirai tun pere	
Si vus merrai l'altre pople avere	E 69 b

neben auf demselben Folio :

N'aurat amur, n'acordement ne pes

und auf Folio 73 d :

De vostre argent ne de vostre or porter.

Die Caesur fällt überwiegend nach der vierten Silbe, die Verse mit sechsilbiger Caesur belaufen sich auf etwa 3 pro Cent, z. B.

Davi remeint, si lur ad mercié	
Le grant amur qu'entrels li unt mustré.	E 70 b

Verse mit sechsilbiger Caesur :

De refrescer sun cors, | il a talant	E 74 c
Number le pople Deu | encuntre lei	E 74 d

neben :

Que nul ne dut | numbrer le pople Deu	E 74 d
A tant cessa la feim, | si unt plenté.	E 73 d

Verse mit lyrischer *Caesur*, wenn auch nicht sehr häufig, kommen doch vor :

Sanz chalénge, la tere tut dis mes	E 69 b
A sa fille, dona il le respit	E 30 a
Ileuc se repósent | si se refunt.	E 69 a

Caesurlose Verse sind häufig :

> Fere l'acord entre lui e sun pere   E 67 d
> Si ont en lui plusque home par nature   74 a

und auch solche, wo man beinahe geneigt ist, eine Caesur nach der fünften Silbe anzunehmen :

> Que vus dirrai plus? mult fet grant dolur.

Die Verse mit weiblicher Caesur sind sehr häufig, sowohl bei viersilbiger als bei sechsilbiger Caesur. Beispiele sind :

> A ces paroles, il vet grant aleure,
> En une chambre, qui mult estut oscure   E 69 c
> Joab chevauche, cum vaillant chevaler   E 73 a

Und bei sechsilbiger *Caesur* :

> Liquels irra arere, liquels devant.   E 70 b

Die Verse mit weiblichen Endungen sind nicht besonders häufig. In tausend Versen habe ich nur 126 gefunden.

Assonanz.

Die Reimendungen, die einem Anglo-normannen zur Verfügung standen, waren so zahlreich (ich habe in den ersten 2000 Versen 67 verschiedene gezählt), dass er es kaum nötig hatte Assonanz anzuwenden, wie gering seine dichterische Fähigkeit auch sein mochte. Wir finden sie jedoch bei

Eigennamen : Sadoc : Jacob 26 d. engendra : Tubal 3 a. Wo der Verfasser sonst andere Verfahren anwendet um den Reim herzustellen, s. S. 62.

suduiante : blanche 33 a. mangier : ben 2 d. apres : set 5 d. fiz : venir 4 a. fiz : Sarai 4 a. prisuns : pasturs 8 c. Vgl. r. S. 60.

Das Wort fiz scheint für unsern Verfasser sein Dentalelement verloren zu haben, trotz der bekannten Fortsetzung Fitz in englischen Eigennamen. Er reimt :

fiz : pais 7 a 21 c und oft. : cunquis 7 a 3 d. : ocis 3 b c. : suspris 3mal 3 b d &c. : chaitis 2mal. : amis 20 d. : pris 62 b. : vis 61 b.

LAUTUNTERSUCHUNG.

I. VOKALISMUS.

a haupttonig.

i. (a) Freies a vor oralen Konsonanten ergab e.

trabe > tref 15 b, 27 a ; *suave* > suef 5 a ; *ape* > ef 32 a ; *latu* > le
4 a ; *aetate* > ee 6 b ; *pare* > per 30 a ; *clara* > clere 8 d ; *mare* > mer
15 c ; *altare* > alter (statt gemfrz. altel > autel) : ester 75 b ; *tale* >
tel 22 a etc. ; *alu* > el 8 d etc.

Das Suffix -*ale* erscheint (a) in einer gelehrten Form als -al in
leal 2 a etc. und real 12 b, 32 a, 96 d, und (β) als -el mortel 96 a,
ospitale > ostal : mal 29 d neben gewöhnlich ostel.

Die Qualität dieses e vor l scheint eine unsichere gewesen zu
sein, vgl. die Reime criminals : els 40 a und chevals : entrels (in
Hs. Egerton sogar entrals geschrieben) 98 c, aber in der entsprechenden Stelle in allen andern Hss. entrels.

Wie gemfrz. haben wir cruel 25 b, ferner, *tras* > tres, *patre* > pere,
matre > mere.

Die einsilbigen Wörter kar, mal etc., wie auch die Pronomina
ma, ta, sa finden hier keinen Platz wegen ihrer Tonlosigkeit im
Satz.

(b) Freies a hinter Palatalen bezw. palatalisierten Konsonanten oder Konsonantengruppen erscheint ebenfalls als e.

caru > cher 101 b ; *capu* > chef 4 c und sonst sehr häufig ;
secare > seier und verkürzt seer 32 b ; *cadunt* > cheent 36 c ; *laxare* >
laisser ; *basiare* > beiser 33 b etc.

(c) Freies a vor Nasal ergiebt

(α) ai und ei :

ramu > raim 3 c. *pane* > pain 29 a. *manet* > maint 2 a. *clamat* >
claime : eime < *amat* 5 a. *fame* > feim 9 c. *manu* > mein -mane >
-meine 2 c. -*anu*, humein bez. humeyne 2 c. premerein 16 c.
sanu > sein : sein (sinu) 13 b. *œrame* > aireim 19 c.

(β) hinter Palatalen :

cane > chen 45 b. *paganu* > paien und paen oft.

ii. a in gedeckter Stellung.

a. (α) Vor oralen Konsonanten bleibt.

drappu > drap, dras 12 c und oft. *vacca* > vache 8 d. *crassu* >
crasses 8 d (vgl. C. Ps.). *passu* > pas. *parte* > part 13 a auch par.
sapiat > sace (vgl. pi). *battalia* > bataille 8 d.

43

(β) In romanisch gedeckter Stellung.
rap(i)du > rade 11 c. *as(i)na* > asne 3 a, 20 c. *-at(i)cu* > -age.
veage 7 a, damage 7 d.

(γ) Hinter Palatal bleibt gedecktes a auch.
carne > char 101 a. *carru* > char 37 a.

b. Vor nasalen Konsonanten.

(a) *flamma* > flambe 13 a, 24 b. *pannu* > pan 97 c. *tantu* >
tant. *quantu* > quant 3 d und oft.

(β) In romanisch gedeckter Stellung.
an(i)ma > alme 26 c etc.

(γ) Hinter Palatal steht a.
campu > champ 4 a, chanz 32 a. *cam(e)ra* > chambres 99 c.

Das Wort *talant* reimt gewöhnlich mit ã wie champ : talant;
es reimt aber dreimal mit gent. Auch *garant* reimt einmal mit
soudainement 75 a und einmal mit fierement 45 b.
ã und ẽ werden sonst im Reime vermieden. Vgl. Suchier,
Reimpredigt, Einleitung, und *altfrz. Grammatik* § 39.

a nebentonig.

i. Freies a vor oralen Konsonanten und vor einfachem Nasal
erscheint :

(a) Als a:
abere > aveir und sehr häufig aver. *sapere* > saveir und saver.
latrone > larron und larrun oft. *farina* > farine 100 b, neben ferine
8 c und 9 b. *amare* > amer, remanez 97 c.

(β) Wird im secundären Hiat zu haupttonigem ü :
meur 8 c, 9 c neben maur 32 b. laur 3 d. boneure 9 c. Und
sehr häufig die Participien plëu, ëu und sëu.

(γ) Hinter Palatalen :
cheval, chevel sehr oft und chemin mit Variante chamin 9 c,
22 d. cameil 14 c und 21 d neben chamail 42 b. chair (: tenir)
29 d. chai 36 d.

Die Fortsetzung von catédra lautet seere (in E) 36 d und
reimt mit cervele (vgl. Liquidae).
Ich erwähne auch die Form *chescun*, welche allein in Hs.
Egerton vorkommt.
adorare erscheint fast immer als *aurer*, gewöhnlich dreisilbig,
neben urer 35 c.
pavor kommt nur als pour vor.
cl. *natare*, vlt. *notare* > noant, noanz 2 b und 11 c.

ii. Gedecktes a vor oralen Konsonanten bleibt.

(α) bataille 8 d. bacheler und sehr häufige Variante bachilers. argent 11 c etc.

Hinter Palatalen auch a.

chastel 98 b. eschaper 97 a, 102 a, eschapa 25 b. capleiz 98 c. cauf 98 a.

(β) Vor Nasalen.

Neben mantel 8 b, anel 8 d, und häufig manger in allen Formen finden wir baundun 8 a, 20 b, abaundone 21 a, aungle 5 d und 6 c neben angele 7 a.

Unbetontes a.

(α) In gedeckter Stellung: bleibt analogisch in oft vorkommenden achater und chevalchure.

(β) In freier Stellung : wird e

besonders im Suffix -atura; entailleures 81 b und armeure 41 c.

-atorem > eur in enginneur 82 c.

Fällt in den Futuris.

durrai 13 c, merrai 14 a u.s.f.; das e in den zahlreichen Formen wie auerai etc. ist auch in den meisten Fällen ohne Silbenwert.

lealté 100 a und sonst oft, ist an gelehrtes leal angebildet.

a vor epenthetischem i.

Nach dem Beispiel Schlössers (*"Die Lautverhältnisse der Quatre Livres des Rois"* Bonn. Diss. 1886) beabsichtige ich alle hier einschlägigen Gruppen nicht zugleich zu behandeln, sondern die verschiedenen Entwickelungen je bei den verschiedenen Gruppen.

(α) a + einfacher Gutturalis.

i. betont. *verracu* > verrai 97 a und oft. fac > fai 47 a und oft.

ii. nebentonig. Die Fortsetzung von *paganu* schwankt stets zwischen paien und paen neben paenur.

(β) a + gedeckter Gutturalis ergiebt ai, ei und e in der Schrift und dieses e reimt mit irgend einem anderen e.

trete 2 a, faire und fere, fait und fet, maigre und megre 8 a, paistre und peissez, naistre und nestre, maistre und mestrie immer mit der grössten Verwirrung der Formen.

Ferner schwankt a + Nasalis + gedeckter Gutturalis zwischen ai und ei.

aqua erscheint als eve oft und ewe 11 c und 32 c.

Nebentonig; laisser und lesser, aber immer serement.

Das Futur des Verbums 'laier' erscheint als larrum 10 d und oft, das von faire als frai etc. z. B. im Vers auf F. 36 c 'il sevent ben, Deu ne lur fra aie.' Vgl. auch Futurum S. 65.

a + įs.

i. Betont.

Auch hier erscheinen Formen mit ai, ei etc.

pais (*pace*), peis und pes alle sehr häufig, aber in gedeckter Stellung braz; faz und face, palais neben häufigerem paleis.

Hier erwähne ich lais : fais (fascis) 98 a.

ii. Nebentonig.

mesun 4 b neben maisun 7 b, mesne 35 c.   seisun 9 c.

vascellum erscheint gewöhnlich vessel 11 c (zweimal) vessel und vesselement 99 b und veeselement 10 d.

a vor ī und ñ.

travail und auch nebentonig travaille 2 b. bataille 7 d. almaille 14 c. muntaines auch geschrieben muntaignes: plaignes 37 d. bainnast 101 a, und baigner 101 a. gainner 3 d.
Im Reime muntaignes : meinent 15 c : remeigne 51 d.

a + Konsonant + Hiatus i.

habeo etc. wird ai, aies, ait etc. auch eit und eez 8 c. *sapio* immer sai, vgl. Praes. Ind. (S. 65). *sapiat* > sace, vgl. pį (S. 57). *malevatius* > malveis, *radiu* > re 31 c.

Besonders das Suffix -*arium*.

batiller 8 c, luer 8 d, chevaler 82 c, und oft. premerement auch manere : frere 4 b : pere 97 b.

volenters 2 c. rivere 11 c. plenere 10 c : pulvere 98 c.

-*area* reimt auf andere Reflexe. deboneire : retiere 47 a. malaire : cuntraire 17 c.

Hier erwähne ich auch die Reflexe von germanischem *ai*, leid 8 b neben led 14 c. ledit (Verbum) 19 c. deheit und heit 10 d und 29 d.

Dieses ei bez. e ist auch mit dem anderen zusammengefallen heit : tret 43 a.

a + ų.

a + ų wurde ou.

sout 4 a und soust oft, auch regelmässig out.

Von den Perfectformen finden wir oi, ous, us und eus, out, oumes, umes und eumes, ourent und urent.

Im Konjunctiv eusse, usse u. s. f.

Stets unt und funt, häufig vont und vunt.

ę haupttonig.

i. (*a*) Freies ę vor oralen Konsonanten erscheint als e.

nepos > nez 4 c. *breve* > bref 100 c. *pede* > pe 80 b. *sedit* > set 3 c. *fera* > fere 3 b (neben fiers 12 c). *quœro* d. h. *quęro* > quer

6 b. grefment 2 a. cel 4 a, 97 b. mel (: leuncel) 31 b. fevre 47 b. peres 27· b neben pierres 27 a ; auch nebentonig perere 27 b. eris > iers (einmal) 8 e. *muliere* wird immer muiller.

(*b*) Freies ę vor Nasal ergab auch meistens e. ben gewöhnlich neben bien 5 a und 8 a. ren, tenent 39 a. vent 38 d. devenent 98 a. criemt 11 c neben häufig crent und nebentonig cremu.

ii. Gedecktes ę.

(*a*) Vor oralen Konsonanten : bleibt ę. set 2c, seles 24 c. Und bel welches auch manchmal als beals vorkommt. Es reimt aber mit der Fortsetzung von -ęl. cels : beals 5 b, wie auch mit der von ęl, chastels : beals 23 d. Suffix -*ellus*. mantel 8 a, 8 b. oisel 8 c. veel 16 c. novel 2 a. juvencels 38 a. Hier auch seel (gleich sigęllum 100 c). chastels 98 b. pel 6 b. kernels 98 b. *bel* hat oft eine Pluralform beaus (vgl. leaus 2 a) und wir dürfen daraus erschliessen, dass die Orthographie weit hinter der Aussprache des Schreibers zurückgeblieben ist. Auch finden wir beals : leaus 44 a neben leals : mals 44 b. Der Laut hinter e scheint überhaupt ein sehr dumpfer, unbestimmter gewesen zu sein. Vgl. chevals : entrals 98 c. *Anm.* Vor l', wo centralfrz. ę > ie wird, erscheint auch e : *melius* > melz, *melior*, meldre aber meillor 78 c. Bei der gelehrten Fortsetzung von *seculum* auch e. secle 36 b. Auch peces 27 b und terz 16 b.

(*b*) Vor Nasal : e erscheint als en. *ventu* > vent 57 b und gent sehr oft. vengement 4 c. aprent 36 c. argent 11 c. *exemplu* > essample 36 b (vgl. Suchier, *Reimpr.* Einleitung). Dieses *en* reimt nicht mit ã, für Ausnahmen u. s. w. s. unter a.

e nebentonig.

ę vor oralen Konsonanten und einfachem Nasal erscheint als e : levez 5 a, veer 7 a etc.

Es wird hie und da zu i : cria 4 b, auch gelegentlich in criatur. Wie gemfrz. kommt i bez. y in ivoire und yvoire 83 d vor. Das mod. frz. selon erscheint sehr häufig als sulum, ein paar Mal mit c, sulonc, immer mit u in der ersten Silbe. Endungsbetonte Formen von querre erscheinen mit e, querez 6 b, querant 23 a, 37 d etc. ; auch leesce 2 c ; *aetate* > eé 6 b, auch in *Marie de France* M. 291. *œramen* > arreim 19 c.

Participien auf ëu zählen im Vers abwechselnd eine oder zwei Silben, je nach dem Bedürfnis des Metrums; dies gilt auch für e in sekundärem Hiat, seur : pour 22 d, asseure (viersilbig) 102 c, asseurement ist immer blos viersilbig.

Vor Nasal bleibt immer e.
In den Formen von venir, tenir etc.

e im Hiatus ist schon gefallen.
benedictus u.s.f. *maledictus* erscheinen als beneit und maleit stets zweisilbig.
beneisun kommt auf Folio 6 b viermal mit drei Silben vor.
Zu vergleichen ist auch maldist 7 d und häufig.

Gedecktes e.

Vor r : wird a.
escharnie 8 d, escharnissant 101 a.
Praep. *per* > par; aparceu 12 d und oft.
Wie sonst im frz. vorkommt, so findet man hier oft die Form pruveire oder proveire 23 d.
Vor Nasal bleibt e.
descendi und sonst oft.
Unbetont bleibt e.
cunestable 58 c und oft. In reveler 68 b etc. muss das Gefühl für die Zusammensetzung mit *re* sehr früh verloren gegangen sein, weil *b* als intervokalisch behandelt wird.

Hierhin gehört auch poeste 59 d, 97 c und oft, auch die Anzahl von Verben auf *ificare* > efier sacrefier, auch multeplier.

e vor i.

Betont, erscheint als i.
pri sehr oft : respondi 99 d vgl. Praes. Ind. (S. 65). pris 7 a. dis 26 c und oft. disme 16 c. gist und gisent 31 c und oft. sis und sisme 2 c. delit 2 c. respit 30 a. lit (für nfrz. lu) 2 a vgl. Participien (S. 66). lit 8 b. Auch eslit 24 a.
Die praefixbetonten Formen von *exire*, ist issent 3 d etc., und von *sequere*, sivent 10 b etc.; auch zu erwähnen ist, (s'en) ivre 3 d.

Nebentonig erscheint es als ei, wofern nicht Erinnerung an eine stammbetonte Form auch hier i veranlasst.
preiere 10 c und 19 a neben priere 25 c, wobei zu bemerken ist, dass dieses ei oft zu e wird, und preere 19 a, 97 c und oft. Auch sesante 26 a. Infinitiv gesir 15 a neben giseit 8 d. seient (*secant*) 34 d und seiurs 58 a neben seer 32 b, neer 15 c neben neiat 15 c.
Sämtliche Formen von sequere erscheinen in analogisch gebildeten Formen, auch issez 4 a. issirent 97 c. Für Formen des Pronomens mit ecce gebildet s. Paradigmen S. 63.

ę vor ĭ und ñ.

Betont. *melius* > melz 12 c und oft.

Einmal auch vielz 13 c : Deuz.

ingenium wird immer engin 6 b, 32 c und oft.

Nebentonig : bleibt.

meillur und seignur sehr zahlreich ; auch häufig veillesce 6 b etc. engenniur 82 c etc. kann analogisch zu engin gebildet sein.

e + Konsonant + į.

Betont. *ecclesia* erscheint als eglise 2 a. alegge 28 b. leger 9 b. Auch mi, demi und midi regelmässig.

Das Suffix *-erium* erscheint als -er in mester 10 c und oft und reimt mit Wörtern auf -er < *-are*.

mester : en combrer 8 c : reprover 8 b etc.

e + u̯.

Deus auch geschrieben Du 13 c, De 97 d, Deu 14 c und Deuz 13 c. Meistens monosyllabisch. *Judaeus* erscheint als Jeu 14 a, 14 c, 15 a etc. Immer einsilbig, dagegen Jueus 89 b mit zwei Silben. *nebula* > einmal niole 18 c.

ę haupttonig.

(a) Freies e.

(a) In unmittelbarem Wortauslaut.

me > mei 8 c. *te* > tei 4 a. *se* > sei 6 b und oft.

(β) Vor Vokal.

vįa > veie 4 b. *mea* > meie 13 a. (S. Pronomina S. 63.)

(γ) Vor oralen Konsonanten.

beivre 12 c und beire 16 a, seie 31 c, preie 45 b, 6 b, corteis 12 c. veir 4 d, esteile 7 b, esteilles 5 a, peil 34 a. sei (*sitem*) 15 d, 32 c.

Im Infinitiv erscheint sehr oft -er.

aver 4 c. ver : arder 13 a. ver : eir 5 a. Dagegen aveir : maneir 4 b.

proveire 17 a und oft. toneire und tonere : esclaire 39 d. eire (*iter*) 31 b. treis 8 c und oft.

Imperfecta auf *ebat* > eit auch Konditionalis. teneit : cuntendreit 44 a.

Halbgelehrt haben wir livre 11 c und seerei : rei 28 a und 44 a. Bemerkenswert ist cameil 14 c und 21 d neben chamail 42 b.

(*b*) Hinter Palatal.

merci : ici 10 b und oft; pais (reimt immer auf -is) sehr häufig, und auch analogisch burgeis 5 b.

(*c*) Vor Nasal.

pleine 5 a, pleine 9 a, ceine (*coena*) 6 b und häufig die stammbetonten Formen von mener: meine 4 b, rameine 6 b, etc., auch *minus* > meins 15 b.

ẹ + gedeckter Gutturalis.

(*α*) ateint 7 a, 10 a, etc. veintrez 96 b, etc.

(*β*) e + Gutt. + Kons.

destreit 6 a, 15 d, etc. dreit 7 b. espleit 15 d. tolet (sic) : destreit 16 a. auch dreiture 10 a.

ẹ + i̭s und i̭r.

feis 11 b, etc. deis 9 b, 32 c, etc. peisuns 2 b, 11 c, etc. creissent 11 c. Aber acressement 22 b. damoisele 6 d. damessele 31 a, etc.

Umlaut

Wirkt auch hier.

Für Pronomina il -ist, etc. s. S. 63.

pris 8 c. vinc (sic) 5 b. fis 10 d, etc. und analogisch vint 5 b, revint 6 c. fist 6 c. requist 8 c. quistrent 97 d. vindrent 98 a. devint 98 a. Gelehrt sacrefise und sacrefice, servise und service. *ibi* > i oft.

Ich erwähne auch meimes 11 d (zweisilbig).

ẹ + ṷ.

In den bekannten Beispielen dut, crut, recut etc., neben dout an sout gebildet.

Anhang.

e erscheint erhalten aber ohne Silbenwert in imagene und ymagene 22 b. angele 7 a, etc. Richtig erhalten, nach Tobler, in soverein 29 c, wo es als Dreisilbler zählt.

e gefallen in ydles 21 b.

Unbestimmtes e > o in Jorico.

Ich erwähne auch larcun (: flum) 22 d, welches eine Zusammenschmelzung von larcin und larrun zu sein scheint, zweifelsohne durch den Reim bedingt.

Gedecktes ę

(*a*) Bleibt vor oralen Konsonanten.

verge 13 b, 15 c, etc. seche und secche 28 d, etc. *capellu* erscheint als chevols (:cremuz) 30 d, chevoilz 67 d, chevols 70 d, chevolz 67 d. ęlla einmal, 11 d, als *ole*; ags. *gild* > joude 15 b, welches ein '*jolde*' voraussetzt; mit dieser Erscheinung ist zu vergleichen *coli* 22 a und moschine. Dieses lange e scheint besonders vor l eine dumpfe Qualität gehabt zu haben. Ein ähnlicher Klang vor l ist im modernen Englischen zu bemerken.

Hinter Palatal.

cep 8 c. cercher 17 d.

(*b*) Bleibt vor Nasal.

semble 14 d etc., und venquirent und a. sehr häufig in romanisch gedeckter Stellung. ·

sente 98 c. rengs 25 c, renc 36 c.

Vor *n.*

teigne 4 a, deinna 11 d, dignast 6 *e.*

e + į.

ę + ungedeckter Gutturalis.

Betont. rei 2 a etc. Reimt meistens mit ei.

Nebentonig. real 32 a, 96 b, leal 2 a etc., giant 44 d, 45 b, gianz 18 a, geanz 74 a.

Die Wörter auf *-icare* haben in der Regel in allen Formen i, seien sie endungs- oder stammbetont.

signefier 9 b etc., fructefier, multeplier 2 b etc., sacrefier 32 c, und oft.

Bei *auctoricare* finden wir gewöhnlich Formen auf ei. ottrei (:mei) 31 c neben otrient 31 c. Vgl. soldea 50 a und congea 72 d. lier wie gemfrz. immer i; liast 2mal 33 c, lie 33 c, lia 33 c, lierent 34 a.

į.

Freies und gedecktes į.

(*a*) Vor oralen Konsonanten bleibt.

rive 11 c. vif 7 a etc. vis 6 d etc. cisterne 7 c. ydles 31 b. venir sehr oft. fuir 11 a und oft. mis 3 c und oft. Auch oft analogisch mist.

Unter kirchlichem Einfluss (vgl. Körting, *Wörterbuch*, 7685) steht espirit 2 a und 35 a, zählt aber nur zwei Silben. Ich erwähne distrent 98 a und deist 31 c.

Germanisches i bleibt: giuer 12 b.

(*b*) Vor Nasal.

vin 6 e, 30 c. enelin 6 c. orgni 8 c. fena 100 c etc. prince
100 b etc. Auch die erste Person Plural vom Perfectum occimes
7 c. Vgl. occient 7 e etc. occirez 7 c.

(*c*) Vor epenthetischem į.

Verschmilzt mit diesem zu einem einheitlichen Laut.
z. B. mie sehr zahlreich, dire, u. s. w.
Ich erwähne auch *eslinge* 45 b und 45 c (Schleuder).

ǫ haupttonig.

Vor Labialen.

In E stets pople 2 d, 16 d, 98 a und sonst sehr häufig. o vor
v selten geschrieben u, also ovrer einmal uvrer : boef 15 d neben
bof 36 c, 39 d, bos 8 c. *opus* > us 31 b, und 'est opus' reduciert zu
estut 31 c. sofre 36 a, 36 b. purofre 36 b neben puroffre 30 a.
jovenis erscheint als jofnes 35 c, und sonst häufig; nop 25 a und
häufig.

ue ist auch im Reim vorhanden mit betontem zweiten Bestand-
teil quer (cor) : amer 3 b.

Vor l. o bleibt meist.

volt 2 c, solt 4 a, vols 97 c, volent 97 d neben velt 3 c und 32 b,
welches ein ué (vgl. oben) voraussetzt.

Vor r.

cor erschient stets als quer 3 b etc.

Die Formen von murir haben stets u oder o, die reduzierte
Forsetzung von ue.

fors niemals diphthongiert wegen Satzunbetontheit.

Vor t, d.

rota > roe 97 d.

Formen von **potére* meist mit o pot 29 d. poz 97 c. pout 31 a
(sgl. ǫ and ụ).

Vor c.

oc in 8 c und puroc; sehr häufig co, ceo und ico. ovoc 6 b,
10 d etc. neben weniger häufigem avec. Schreibung *ce* nur
gelegentlich und wohl zu beanstanden, aber Elision mit est
mehrmals. *ego* wird stets zu jo; aber einmal in Zusammensetzung jes 14 d. *lǫco* u. f. f. > ileuques 2 a und 7 d. iluc für und
neben iluec, iloc 5 c. d'ileuc 7 d. iloc 7 d. ilokes 9 c.

Vor Nasal.

Für Pronomina s. S. 63. Auch *homo* stets u in prudum etc.
sehr oft.

o bleibt immer in bon. u aber in sun (*sonum*).
Für Reime costome : home u. A. vgl ṵ.

Gedecktes ǫ.

Vor oralen Konsonanten:
fosse 98 b und oft. tost 7 d. coste 2 d. porte, force, mort,
colp und cols, alle sehr häufig.
turt 35 d und sehr häufig turner: hoste erscheint häufig und
immer in der Form ost; ebenfalls rocca > roche. Wie in C. Ps.
· lautet die Form immer reproce.

Vor Nasal:
erscheint ǫ mit sehr wenigen Ausnahmen als u.
tundre 37 c etc. encuntre und cuntre sehr häufig und stets
in den Formen von respundre, immer in frunt, sunge 8 a. sunge :
mensunge 29 a. racunte 8 d, escundit 10 c.
Aber gewöhnlich hom 38 c, 38 b. homes 37 b.
o > a wie in gemfrz. Dan und danz, sehr häufig auch dame.

ǫ̇ nebentonig.

Vor Labialen
kommt u meistens vor.
Stets in truver und dessen Formen, aber im Anlaut meistens
ovrer, overaigne 82 a etc. in welchen Wörtern o wahrscheinlich
geschrieben steht, um die konsonantische Aussprache des Anlauts
zu verhüten ; vor u auch stets o commonz 67 c etc.

Vor l
bleibt meist o.
olive 7 c und in den abgeleiteten Formen von rolere. columpes
70 c. volatille 4 c etc.

Vor r
in dieser Hs. meistens o.
corome 12 a und demore analogisch gebildet nach dem Infinitiv ; reimt mit aventure 32 a (zweimal), auch mit serure 32 d,
engendrure 5 a. Vgl. unter ṵ; devoré 9 a. Auch forest, einmal.

Vor Dentalis, welche gefallen ist, o.
porir und dessen Formen, aber gewöhnlich purra 21 a etc. ;
botillers 3mal 8 c, aber runde 12 a.

Vor Nasal.
Schwankt zwischen u und o.
Also unur und onur, das letzte häufiger. Verschwächt zu e in
demeine 20 a und auch in dimeiselle 31 a.

Gedecktes o.

Vor oralen Konsonanten: bleibt o.

ostel 29 d. Stets in ocirai, occis etc. colche und auch culche 8 d und oft. acheism wie auch sonst romanisch durch Präfixvertauschung.

$Q + \dot{\imath}.$

i. Betont.

nuit 6 c. uit 28 b. quit 5 b. vuid häufig neben voide 24 c. pluie 2 c.

Wörter auf -orium zeigen gelehrte Fortsetzungen. glorie 2 a, 12 c, 14 a, 35 c und sonst häufig. estorie 2 a etc. eboreum erscheint als yvoire 82 a. oleum > oille 99 a (sechsmal).

ii. Nebentonig.

ui wird öfters u in trussent 92 a. quisez 6 b. uitime 16 c. Analogisch vuider 24 c.

Q vor $\tilde{l}$, und $\tilde{n}$.

i. Betont.

voil 23 d und sonst oft voile 4 d. oilz 10 a. oille 38 a, wo oi aus orthographischen Gründen gesetzt worden zu sein scheint; aber toille 31 c neben cuelt 31 c. lumz 22 b etc.

ii. Nebentonig.

recoillist 28 a, 29 c. coillent 17 b und oft. coillir 7 a. depuillir 96 a. muillé 97 c.

iii. Unbetont.

orguillus 24 d etc.

$Q + \mu.$

focu > feu 5 c, 97 a. fu 18 c. und 97 a. locu > liu 97 b und oft neben lu 6 a und 31 b.

au.

Freies und gedecktes au vor oralen Konsonanten wird Q.

oez 2 a. pose 2 b. oi 6 b. poi 6 c neben po 15 c. reposer 6 c. louent 15 d, häufiger loent 20 b, 96 c etc. aut > od 12 a, o 12 b. ot 12 c etc. neben out 12 a.

tresor (: or) 18 b. tors (taurus) 31 c. caudas > coues 32 a. povre 37 b etc. ottrei 31 a.

Vor Nasal.

hunte 2 d, huntuse 8 b, aber honir 8 b. Ich erwähne auch joue 32 c, zweimal aber joel 31 b.

Mit epenthetischem i̯.

joius 17 b.　oisel 8 d.　noise 42 b.　*expaventare* erscheint als espanter 9 c.

ǫ haupttonig.

Freies ǫ wird fast immer u.

(*a*)　Vor r.

or ergiebt ur.

seignur immer mit u. Auch honur bez onur. sorur 4 b und 6 c. amur 6 b auch gelegentlich geschrieben amor 12 a. odur 6 b. sul 2 a und oft. plusurs 2 c (stets so). ure 3 c. nevu 4 a und nevou 4 c.

(*b*)　Vor s.

Immer u in nus, vus (satzbetont) so wie in dem sehr zahlreichen -*osus*. hidus 3 a. pitus 13 a, 35 d. orgoillus 24 d. merveillus 96 a.

(*c*)　Vor l.

immer sul.

Wegen ǫ : u̯ s. u̯ S. 55.

Freies ǫ vor Nasal stets u.

nun 2 a. gentun 16 e. larrun 10 b etc. Aber corone 2mal 12a. Pharaun 7 a und Faraun, auch immer cum und cume.

Gedecktes ǫ.

curt 9 a. boce 14 e. cupe 7mal neben cope 10 a und coupe 10 b. hir 4 a etc. Stets kommt desque vor.

Vor Nasal.

mund 2 a. mustre 4 a. Stets unt und sunt.

Nebentonig.

Vor oralen Konsonanten u.

ureisun sehr oft. *pro* > pur, puroffre 30 a. aruser 3 a. Stets sulement, aber solail 2 a. etc. Stets prudum und pruz 2 b. corucer 31 a. furment 2 b.

Vor Nasal auch u.

numbrer 74 d, etc.

ǫ + i̯.

i̯. Betont.

cruiz 75 b, anguisse 76 d, puint 26 c.

ii. Nebentonig.

duitels 98 a, angoissus 16 c, trisun 28 a neben trusun 2mal
und auch 98 a.

Ich erwähne auch häufig tuit und trestuit auch audin 7 b etc.
puiz. Auch die Formen von *cogitare* (nach vuider), qui und quid
36 b etc.

Häufig dous 9 b, etc.

o und u.

ṵ.

Freies und gedecktes ṵ vor oralen Konsonanten, desgleichen
freies und in unmittelbarem Wortauslaut und vor Vokal erscheint
als u.

escu 24 c und oft. tressue 7 b. fuir 11 a und oft. nu (*nudu*)
9 a, nue (*nuba*) 2mal 22 c.

Germanisches u.

dru 31 c, 8 b und oft. druerie etc.

Vor Nasal.

flum 8 d und oft. descunfiture 24 b. costume 56 d.
Bedenklich ist die Erscheinung im Agn. von Reimen mit ṵ
und ǫ, es kommen mehrere in dieser Hs. auch vor und zwar :

Vor r.

dure : ure 33 d (2mal). creature : ure 3 c. ure : desmesure
31 b. aventure : demore (2mal) 14 c und 32 a. demore : engendrure 5 a. demore : serure 32 d. plure : chevelure 31 d. murs :
esturs 26 d. murs : valurs 29 b. jurs : venuz 44 c.

Vor Nasal.

flum : avisum 8 d. flum : sumun 23 b. flum : meisun 71 c.
costume : home (6mal). comune : doune (einsilbig) 31 a.

Vor Sibilans.

penduz : trestoz 25 b. duiz : trestoz 4 c. venuz : trestoz 10 b.
descenduz : tuz 22 c. plus : toz 10 b.
Diese Erscheinung ist also, wenigstens für diese Hs., auf sehr
wenige Fälle beschränkt. Ich möchte annehmen, dass, infolge
des Einflusses der englischen Betonung und der Unklarheit der
Vokale im Englischen, gerade vor r, n bez. m und s, dieser Reim
einem anglo-normannischen Dichter nicht inkorrekt erschien.

ṵ + i̯.

Ergiebt ui:
deduire etc.

Dieses ui kann bald auf dem einen, bald auf dem anderen Be-
standteil betont werden, wie sowohl die Schreibungen frut 2 c

condut 4 b zeigen als die Reime aventure : deduire neben deduire : aneire.

Bereits vulgärlat. *ui* erscheint als ui und kann ebenfalls auf i reimen.

Sarai : lui ; vgl. auch die sehr häufigen Formen li und coli; vgl. Pronomina S. 63.

II. Konsonantismus.

A. *Die oralen Konsonanten.*

Verschlusslaute und Spiranten.

(a) Labiale.

i. Anlaut.

Im Anlaut bleiben alle Labiale erhalten vor Vokalen wie vor Liquiden :

bonu > bon, *baro* > ber 35 d etc.

Wie gemfrz. finden wir berbiz 43 b und oft und auch feiz 36 c und oft.

Ich erwähne hier walcrer 11 c.

ii. Inlaut.

(a) Intervokal > v, welches mit lateinischem ursprünglichem intervokalischem v in der weiteren Entwickelung zusammenfällt.

i. Geblieben vor palatalen Vokalen a, e, i.

chevel 30 b etc., rive 11 c etc., cheval 43 c etc.

Auch wenn labialer Vokal vorhergeht.

governe 2 a. novel 2 a.

ii. Verschwunden vor labialen Vokalen o, u.

pour 14 d und oft. Und in den oft vorkommenden Participien sëu, dëu.

Ich erwähne auch hier 'revelent' 19 c, wo das Gefühl für die Zusammensetzung mit *re* sehr früh ausgestorben gewesen sein muss.

Stets v in proveire, etc.

Dialektisch ist nue (2mal) 22 c.

Germanisches b bleibt, robat 29 b.

(b) Vor Konsonant.

Doppelter Labial wird als einfacher Labial erhalten.

cope 10 a (s. ọ S. 54). grapes 8 c.

Im frz. Auslaut.

cep 8 c, drap 101 c.

Vor r und l. > vr und bleibt.

livre 80 d. povre 37 d. pople 74 d. affubler 68 d.

pt > b set; *septima* erscheint als seme 16 c.
bt > t duter sehr oft.　　dettes 99 b.
p + i ergiebt c *nicht ch*, d. h. nicht Quetschlaut.
sace ˜99 b, 35 b.　menace 102 b.　saeent 36 b, sacent 36 b, sacez
10 c, 30 c, 33 d, 38 b, 39 c und 99 d.　aprocent 42 d etc.
　b + i > g, d. h. j.
ragat 8 a, sage 7 b, ruge 16 c, 98 c, rage 8 c und oft.
v + i > g bez. j.
sergant 41 b, neben serjant 7 d, 17 c, etc.　alegge 28 b, leger
9 b.
　vn > fn, jufne 35 b, vm > fm, nofme 16 c.
Erwähnenswert sind die Endungen crere : deceivre 33 d.
delivre : sire 9 a.　vivre : circumcire 5 a, 5 b.
　Beinahe ohne Ausnahme tritt in unserem Texte e zwischen v
und r ein.　averai, etc.
　ph bleibt als ph in prophete, aber wird durch f gezeichnet in
olifant 2 b.

Auslaut.

　In dem Wortausgang ´vu, ´vo hat das die Nachtonsilbe
anlautende v eine doppelte Entwickelung erfahren, indem :

(a)　Der Nachton abfiel, worauf v > f.
capu > chef sehr oft.　vivu > vif 7 a.　novu > nof.

(β)　Der labiale Konsonant verloren ging, und Nachtonvokal
mit dem vorhergehenden Tonvokal sich verbunden hat.
clavu > clou 82 a.
　In dem Wortausgang ´ve wird v > f.
bof 39 c, 67 d, etc.
　f mit Flexions-s bleibt oft in der Schrift, aber stets mit pais
96 c und oft im Reime gebunden.　Andere Beispiele sind trep 15 b,
etc.; chefs immer so geschrieben; corps; chaitifs und chaitis und
poestifs und poestis sehr oft.

(b)　Dentale.

i.　Die Verschlusslaute.

I.　Anlaut.

　Im Anlaut erhalten sich die dentalen Verschlusslaute vor
Vokal wie vor Liquida.
　dis 16 c, etc., dur 33 d, etc., tel 22 a, tenir 3 d, tere 2 a, draps
12 c, treis 25 d.
　tr > cr wie gemfrz. crembre.

II.　Inlaut.

(a)　Intervokalisch.

Schon immer ausgefallen.

nudus > nu 9 a, *site* > sei 15 d, 32 c, veer 13 a, etc. Auch in den sehr zahlreichen Participien -atum.

d erhalten in fidel, oft, und odur 6 b und in prophete 32 c, etc.

(b) Vor Konsonant.

Doppelter Dental als einfacher Dental erhalten.
addensus > ades 81 a, tute 7 c, metre 25 d und batre 30 a.
Intervokalisches tr > r.
pere 2 a und sehr oft. larrun 10 b, etc.
Auch secundär.
ocere oft auch *rr* orra 13 b, harra 13 b, crerrunt 13 b, purirrunt 18 c.

t + s.

lez 4 a und -atis > ez : toz oft auch fruz, semblanz, granz, vertuz, noanz, volanz, serpenz, blez, ardouz, saluz, etc.
Dieses z reimt jedoch auf s, vgl. plus : toz.

Im Auslaut.

d > t in mant 13 a, comant 14 a neben comande, unt 8 c.
Fällt sehr oft ab plai 4 c, etc., und in par 13 c, qui 6 c.
Wir finden auch th und dh in der Schrift; dies ist aber nur orthographisch.
bruth : Ruth 35 a und pruth 34 c und 36 a : fut 34 d. brut : Ruth 34 d, 35 b. Obeth : Jesse 35 c.

In Verben.

Zunächst in den Hilfsverben erscheint *habet* als ad, avint als ont. seit und esteit.
Particip nur este.
Ausser einer grossen Anzahl von Fällen kommen in der dritten Person des Perfectums der ersten Konjugation 65 pro Cent mit t, 25 ohne auslautenden Dental, 10 pro Cent mit d.
In der i Konjugation kommt niemals t oder d in der dritten Person vor.
Dass dieses t schon verstummt war, zeigen zahlreiche Reime ; sei : aveit, laver : ert, etc.

ii. Die Sibilanten.

s vor t schon verstummt, wie die Reime dit : mesprist : fist : vist beweisen, auch vor l, wie male 11 b, malle 22 b, und mindestens zehnmal die Schreibung madle (*masculus*) und medle 32 a beweist.
Folgt r, so entsteht als Übergangslaut nach s der stimmlose, nach z der stimmhafte dentale Verschlusslaut.
essere > estre, sehr oft. crestre 60 d, aber misdrent 22 a.
ss wird öfters sc geschrieben blesce, dresca 32 a.
Ich erwähne hier cosin 42 b.

(c) Palatale.

Die Palatale vor Vokal.

Die Verschlusslaute g und k.

Mediopalatale, d. h. g und k vor e und i = g^2 und k^2.

i. Anlaut.

cent 80 c, etc.   cel 4 a, 97 b, etc.   cite 22 b, etc.

ii. Inlaut.

(*a*) Intervokal; vortonig.

veisine 7 b.   oisel 8 d.   dameisele 31 a.

Das oft vorkommende " Sarrazin " hat Lehnwortform.

(*b*) Nachtonig.

cruiz 75 b.   feiz 22 c und oft.

iii. Nach Konsonant.

fais 98 c (fasce).   vaissel 99 b.

g und k vor a und au d. h. g^1 und k^1.

Anlautendes g^1 wird dž *i.e.* j.

joie 6 c ; gabe 12 d und sonst dreimal garbe 7 b.

Anlautendes k^1 wird tš geschrieben ch :

chambres 99 c und sonst (in allen Hss.) champ 37 a.   char
(*carne*) 35 a, 37 a, 101 a, char (*carru*) 37 a.   colcher und cocher 8 b.
sachat (saccare) 8 b.   cher 101 b.   cheres 8 c.   charger 101 b
(in allen Hss.).   chastels 98 b (in allen Hss.).   acheisun 98 a.   chen
45 b.   chose sehr häufig.   eschaper 97 a (in allen Hss.).   eschapa
25 b.   chamail 42 b.   chevals sehr oft.

Neben :

immer caple 22 b.   capleiz 24 c.   escapleiz 98 c (C hat ch).
escaparat 97 a (C hat ch).   boce 14 d.   cameil 14 c und 21 b.
muscat 23 c.   cauf 98 a (in allen Hss.).   senescal 96 d (2mal) und
auch so in allen Hss.   senescal 99 a (C hat ch).   calderes 101 in A,
E und T (B fehlt), C hat ch.   sake 3 b, 32 d, 102 (in allen Hss.)
scheint durch sac beeinflusst zu sein, wie auch sacel (100 b) in A,
B, T und E, C hat ch.

Der Ortsname 'Damaskus' heisst in E Damas (wie mod. frz.),
T und C haben Damasche, B Damars und A Damasse.

kk > che, pecché 14 c etc.

g und k vor o und u.

I. Anlaut bleibt.

gobernare > governe 2 a.   *collu* > col 8 b.   *cor* > cuer 3 bc.
cure bd.

II. Inlaut.

Intervokalisch verstummt.

securu > seur sehr oft auch pleu.

Nach dem Hochton in Paroxytonis.

veracu > verai 97 a etc. poi und ami sehr oft. *preco* > pri s.
Praes. Ind. (S. 65).

Erwähnenswert ist lais (= *lacs*) 98 b etc.

iloco > iluec etc. vgl. ǫ.

Die Spirans y.

Wie gemfrz. wird *diurnum* > jorn und jur 2 c und oft. deusque
erscheint als desque. *diabolum* erscheint als diable und deable.
Auch gelehrt ist Jhesus.

Germanisch j > g. regehir 16 d.

h.

h wird gewöhnlich gelehrt hergestellt in honur, fällt aber in
umble 18 b, erscheint wieder in humblement; in Wörtern ger-
manischen Ursprungs bleibt es, z. B. hunte, hunir 6 c.

Es erscheint in trahir 8 b, und trahi neben trai 102 b um eine
Diphthong zu verhindern, gewöhnlich aber ist traisun 8 b etc.

Die Affrikaten gw und kw.

guier 12 etc. gaster 41 b und oft. quant, niemals in E kant.
Gewöhnlich kar, einmal 69 b quar. ki und ke in E sehr selten.

Inlaut.

Neben gewöhnlich eve steht auch ewe 11 a. Auch trives 15 d,
89 c etc. antive (: olive) 7 c und sonst.

Nach Konsonant.

langage 11 c onques und unques sehr oft. sanc (: enfant) 7 c.

Die Liquiden.

Lat. *rr* wird meistens r. Auch in tere 2 a und durchaus. quere :
requere 97 d und sehr oft.

In Futuris kommt rr sehr oft vor.

serrai etc. nur einmal mit einfachem r. irrai, irra 97 a, 101 b
etc. und dirrai 97 b, 98 a. Auch verrai (*veracu*) 97 a. arreim 19 c.

rcr > rtr. chartre 8 c etc.

rc + Flexions > rs. burs 22 b und oft.

r + m oder n + s > rs. esturs 22 c und oft.

Auf Folio 32 b geschrieben furns, reimt aber mit maurs.

r + i̯. morge 7 c. querge, quergent 31 d, 20 b, 33 a etc.

Dissimilation in cuntralie 33 a.

Die Aussprache war sehr schwach, was die zahlreichen Reime
beweisen :

reis : aveirs (2mal) 66 a und 68 a.   cors : os 31 b.   destres :
bestes 13 b.   Sanagar : regnat 28 a.   tertres : pertes 37 a.   irascuz :
murs 27 c.
Lat. ll > l in ele.   col 16 c.   agnel 65 c.   fol 30 c.
l schon vokalisiert, obwohl oft erhalten in der Schrift al
durchaus, auch del und al, neben saut 8 c.   sauve 15 d.   tout 33 a.
leaus 2 a und fausete 2 a.
Im Reime :
baud : halt 73 d.   Deus : mortels 61 c.   Deuz : vielz 13 c.
Ags. l > u gleichfalls in faude 6 b und germanisch l in baud
73 etc.
Erscheint im Reime mit r verbunden.
novele : tere 54 b.   seere : cervele 36 d.   gariz : perilz 41 d.

B. Die Nasale.

m.

mbd > nd in andui 14 a etc.
mn > dampne 2 d etc.   columpnes 50 a, 81 d etc.
mt > nt sente 98 c.   *flamma* > flambe 13 a und 24 b.
mi̯ > conge 78 a.

n.

nr > rr dorrai 13 c und durrez 96 b, merrez und merrai 13 d
und 28 d.
nd.   responent 20 a.
nm > alme 69 a und sonst 3mal.
nv.   coveitez 31 a.
mn + Flexions-s.   danz 23 c und oft.
n + i̯ > geschrieben nn und gn.
linage 2 a neben ligne und lignee 34 d.   seignur oft neben
seínnur 9 c.   gaínner 3 d.   baínnast 101 a neben baigner 101 a.
teignum, plaignes : muntaignes 37 d neben muntaines 6 c : ep-
laines 6 c.   Auch prenge 15 b, prengum 31 a.

ABRISS DER SPRACHFORMEN.

Der Artikel.

Der Nom. Singularis li kommt beinahe exclusiv vor : z. B. Li
creatur, li enfes 30 c, li bers 35 c etc.
Im Gen. Sing. erscheint durchaus del.
al wird immer ohne Vocalisierung geschrieben.
Im Nominativ Pluralis ist li sehr häufig in der Schrift und ist
als eine für den Verfasser, durch die Übereinstimmung der Hss.
in so vielen Stellen, festzusetzende Form anzusehen. Li paen
96 a, li barun 97 c und oft.
as kommt allein vor ; auch im Fem. Pluralis.

Als Accusativ Singularis fem. steht nur la in E : das picardische *le* kommt jedoch in C dreimal vor.

Zusammensetzungen mit der Präposition 'en' d.i. el und es sind haufenweise vorhanden.

Das Substantiv.

Formen des alten Nominativs finden wir ziemlich häufig, hoem 35 a, aber gewöhnlich analogisch hom, als indefinitives Pronomen fast immer l'um und l'un 20 a, einmal l'em 2 b. Sehr häufig ist li ber 4 a, 35 d etc. mit Variante li bers 35 c und li enfes 11 b, 30 c, einmal nez (nepos) 4 c, luis 4 a und häufig cumpacinz 27 a und mariz 31 b.

Der Nominativ Pluralis ist sehr zahlreich vertreten. 'Li Ebreu' ist die überwiegende Form, auch sind sehr zahlreich Ausdrücke wie li glutun 16 d, 18 c. li messager 20 b. li sergant 23 a. li clerc 30 a. li oisel 8 c. li paen 96 a etc. li barun 27 c. li bos zweimal 37 a. li petit e li grant 32 b. li povre e li manant 37 b.

Als Rest des alten Genitivs ist 'paenur' sehr häufig.

In dieser Darstellung habe ich von solchen Fällen abgesehen, wo ein Nominativ anstatt eines Accusativs, des Reims wegen, gebraucht wird, wie li dui bacheler : soler 23 a oder le ber : tenser 32 b.

Eigennamen.

Die Behandlung von Eigennamen in Hinsicht sowohl auf Form als auf Silbenzählung ist bei unserem Verfasser eine sehr freie. Eve ist Nominativ und Accusativ neben Evam. Neben Moyses, der gewöhnlichen Nom. Form und Moysen, Acc., ist auch Moyisen und Moisen, und die betreffende Form zählt entweder zwei oder drei Silben je nach dem Bedürfnis des Verses : das gleiche ist der Fall bei Helye, Helya, Caym, Israel, Giezi und Jerusalem, s. Metrik.

In dem Versendungen finden wir Namen für den Reim geschmiedet, wie Bonnard sich ausdrückt. z. B.

Silob (deutsch Silo) 25 d und Jericob 20 b die mit Jacob reimen und später Jacobo : Telo 29 c.

Zahlwörter.

Neben uns 29 c, 35 c finden wir beinahe durchaus un : Fem. une wird meistens einsilbig gezählt.

dui und dous 97 c und 97 b.   Gebraucht als Nominativ neben dous als Accusativ 98 a, 36 c.

cent, wenn eine Zahl vorausgeht und eine andere folgt, bleibt 'treis cent mile' 25 d, wenn ein Substantiv aber folgt, so wird es cenz : 'dous cenz berbiz' 98 a. cent allein bleibt, cent motuns 80 c, mit angedeutetem Substantiv, sis cenz 28 a.

mil und mile werden unterschiedslos gebraucht, allein mile kommt in der Caesur und vor Vokal vor : z. B. quarante mile... 27 b. plus de dis mile......il unt dis mil ocis 26 c. mile ist zweisilbig zu zählen in dem Vers

En sa (Salomos) cité duze mile barun 80 c.

PRONOMINA.

I. Personalpronomina.

Für die erste Person steht fast allein 'jo' und in Contraction jol 96 d, 101 d und jos 103 a. Aber einmal jes.

me und mei, te und tei als satzunbetonte und satzbetonte Formen.

Für die dritte Person masculinum wird il stets geschrieben, im Femininum ele und zwar meistens einsilbig, s. Metrik.

Für den Dativ lautet die Form nur einmal lui, sonst immer li und zwar für beide Geschlechter.

In der Mehrzahl lauten die Formen durchaus nus, vus und lur.

Das Genitivverhältnis des Singularis und Pluralis wird durch en bezeichnet.

II. Demonstrativa.

Die satzbetonten und satzunbetonten Formen des Pronomens kommen ohne Unterschied vor ; icil und cil, icele und cele werden willkürlich gebraucht. celui = mod. frz. celui-ci, celui-là in 22 a

'Celui qui fud Gad e coli qui fu Ruben'

scheint nicht zu beanstanden, wiel der Vers eine Silbe zu viel hat.

Belegt ist auch die dialectische Form celi 22 a und auch colui 97 a.

Cist und cest werden ohne Casusunterschied gebraucht, jedenfalls für den Copisten. Im Femininum immer ceste. Im Pluralis lautet die Form stets ces fem. cestes.

Zusammensetzungen mit hoc sind ico und ço, welch letzteres seinen Silbenwert in Zusammenkunft mit est oft verliert. Vereinzelt steht oc 5 b. Zusammengesetzt mit apud lautet es avoc und ovoc.

Als Bejahungspartikel kommt oïl vor (32 b).

Relativa und Interrogativa.

Eine solche Verwirrung der Formen qui und que herrscht bei dem Copisten, dass es unmöglich ist, eine Darstellung dieser Formen zu machen.

Das Neutrum heisst que und satzbetont quei ; dunt wird öfters dunc geschrieben.

lequel, laquell und sämtliche Formen derselben sind häufig; auch kommt tel, itel des Verses wegen manchmal vor, vgl. 22 a.

Possessiva.

Von den satzbetonten Formen kommen le men 3 a und meie 13 a. Eine wahrscheinlich falsche Form ist mien veie 13 c; im Pluralis kommt Nom. li noz 24 c vor, sonst nostre 41 a u. s. f. Von der zweiten Person haben wir tun und tuns und nur vostre, vostres.

Die satzbetonte Form der dritten Person, son und sun geschrieben, scheint vorhanden zu sein, auf Folio 2 a steht sons und die entsprechende Stelle in A = soens, vgl. auch li son 69 b und pur *sen* ben 10 b.

Von den satzunbetonten Formen sind folgende vorhanden:

Nom. sg.	mis,	tis,	sis,	fem.	ma,	ta,	sa.
Acc. sg.	mun,	tun,	sun,	„	„	„	„
Nom. pl.	mi,	ti,	si,	„	mes,	tes,	ses.
Acc. pl.	mes,	tes,	ses,	„	„	„	„

Indefinita.

In dieser Hs. kommt nur die Form chescun, d. h. niemals die mit a, vor.

Dei Formen toz, tot, tuit u. s. f. und auch mit tres werden in der allergrössten Verwirrung gebraucht.

Vollständige Formen von *unus*; uns, un, uns, etc. sind alle häufig.

maint wird entweder als Adjectiv gebraucht oder auch mit *de*.

Ferner sind zu bemerken plusors und plusurs 2 b etc. und el 8 d, vgl. *a*.

alcun und altrui werden immer mit l geschrieben.

Verbum estre.

Vom Präsens Indicativi ist häufig die Form eimes (in C stets eismes geschrieben).

Die dritte Person des Praeteritums erscheint beinahe durchaus als fu; fud und fut sind seltener.

Die Formen des Futurums werden stets mit rr geschrieben, wie in den Pariser Hss. des C. Psalters, vgl. *Frz. Studien* IV. S. 5.

Auf Folios 35 c und 38 b finden wir die an dona gebildeten Formen esta bez. estat.

Die dritte Person Pluralis lautet immer sunt, neben abwechselnd vunt und vont.

Verbalflexion.

Praes. Indic. An die erste Person Singularis der ersten Konjugation ist im grossen Ganzen noch nicht ein e getreten. z. B. afi 45 a, apel 77 b, 98 d.   dut 97 a, u. s. w. neben aure 101 b. Ebensowenig findet sich in der ersten Person Singularis die Spur von einem unorganischen Zischlaut.   ottrei : mei 31 c.   pri : respundi 99 d.   crei : rei 97 a, 101 b und stets di.

Die erste Person von faire lautet durchaus faz. Bemerkenswert sind Formen wie vif 101 b, doins 9 b, auch venc und tenc.

Die 3te Person von aler lautet immer vait oft vet, geschrieben.

Eine sonderbare Eigentümlichkeit von E ist das z, welches häufig den Formen der 3ten Person Singularis angehängt wird z. B. governez für governe 2 a, s. S. 9.   aresonez 2 b.   comfortez 8 c. armez 8 a.   partez 34 c.   finez 35 a.   resesez 27 a.   covertez 31 a. In ähnlichem Fall kommt oset 8 a vor.

Die erste Person Pluralis endigt durchaus auf -um, nur ein paar Mal auf -uns, wo diese Endung wohl zu beanstanden ist.

Die 3te Pers. Sg. von voloir lautet velt 3 c und 32 b, neben gewöhnlichem volt 14 a und sonst häufig.

Praesens Konjunctivi.

Der Conj. Praes. der 1sten Konjugation zeigt öfters kein e; gart 3 c und 15 a.   parailt 15 a.   doint 11 a neben dunge 101 c.

Zu bemerken sind auch morge 7 c.   querge 20 b, 31 d.   quergent 33 a.   prenge und prengent 15 b.   revenge 14 c.

Imperfectum Indicativi.

Die Fortsetzung von -abam etc. lautet immer -out etc.   portout 8 c.   manjouent 8 d neben manjuent 14 a.   gardouent 2 a, 12 d.   errout 3 b.   desirouent 36 a, 17 b.   alouent 97 b, und reimt nur mit sich selbst.   perrouent : errouent 18 c.

Perfectum.

In der dritten Pers. Sing. von aler steht die Form alat und alad 10 b; von avoir gewöhnlich out. Sonstige Formen ohne bestimmte Regel.

Futurum.

Neben obenerwähntem serrai u. s. f. finden wir irrai 97 a. dirrai 97 b, 98 a.   parra 97 a.   verrai 97 a.   murrerent 13 c. Das Futurum von faire stets frai etc. nur ein paar Mal zweisilbig zu zählen 99 c

Mandez la mei, jo li *frai* socur.

Dasselbe gilt von Formen wie averai.

Participium.

Von Participien sind erwähnenswert:
lit : dit 2 a.   eslit 24 a.   parfit 2 a.   tolet (für toleit) : destreit 16 a.

Was die Flexion der Participien anbelangt, ist es sehr schwierig eine Regel zu formulieren. Die Endung -ata erscheint als e in créé : volunté 2 e. (la pluie) amenusé : pité 3 c.

Und diese Fortsetzung nicht nur bei Participien, sondern auch bei Substantiven: z. B. mesné 35 c. jurne 23 c, aber gewöhnlich espée.

Im Nom. Plur. sind sie gewöhnlich ohne s.
salvé : né 3 c.   travaillé : pite 13 d.   damné 5 b.   mort : tort 3 d.   jugé : véé (vetatum) 2 d.   marri : ici 100 d.   finie Nom. Pl. fem. : ocie 31 c.   cunquise Acc. Sg. fem. : prise Nom. Pl. fem. 26 d. neben redotez : enquerrez (2 Pers. Pl.) 20 d.   assemblez : tuez (Acc. Pl.) 96 c.

Im Acc. Pl. finden wir Formen mit s bez. z und ohne. esloine (Nom. Pl.) : enveie Acc. Pl. 10 a.   garnie Acc. Pl. fem. : seignurie 26 d.   amené Acc. Pl. : herberge Nom. Pl. 5 b.   Auch tuez 96 c. vencues 8 d.

Als Schreibfehler ist wahrscheinlich zu bezeichnen mal...avez renduz : vus serrez...irascuz 10 b.

In den Reflexivformen scheint das Participium ziemlich regelmässig, il s'est reposé 96 d. (ele) s'est mise 23 a.

VITA.

Geboren wurde ich, Alfred Thomas Baker, Sohn des Pfarrers Thomas Baker und seiner Gattin Martha geb. Francis, am 14 Juni 1873 zu Darwen, Lancashire. Bis Juli 1892 war ich auf folgenden Schulen—Trinity School, Stony Stratford; Institut Turgot, Roubaix, Frankreich; Nonconformist Grammar School, Bishops Stortford. In Oktober 1892 trat ich in Gonville and Caius College, Cambridge, ein und widmete mich dem Studium der neuern Sprachen. In Juni 1895 bestand ich das Examen der Medieval and Modern Languages Tripos; bis Juni 1896 studierte ich auf der Universität weiter. Seit Oktober 1896 geniesse ich das Bürgerrecht der hiesigen Universität. Während meiner Studienzeit unterrichteten mich folgende Herren Professoren und Privatdozenten—in Cambridge: Braunholtz, Breul, Monro, Rippmann, und Roberts—in Heidelberg: Braune und Neumann.

Allen diesen meinen Lehrern, insbesondere aber Herrn Professor Neumann, spreche ich für die mir dargebotene Belehrung und Förderung meinen wärmsten Dank aus.

CAMBRIDGE: PRINTED BY J. AND C. F. CLAY, AT THE UNIVERSITY PRESS.

9 783337 248765